À L'ÉCOUTE

Jean-Jacques Bourdin
avec Anne Nivat

À L'ÉCOUTE

Éditions Anne Carrière

ISBN : 978-2-8433-7461-6

www.anne-carriere.fr

À Anne,
ma complice et mon amour,
sans laquelle ce livre n'aurait pas existé.

À Louis,
mon fils.

À Clémence et Fanny,
mes filles.

« L'idée de tolérance est la
condition de notre survie. »

John LOCKE,

Lettre sur la tolérance.

Avant-propos

J'écris ce livre pour partager mon expérience. Je n'ai pas de diplômes, sinon le bac, je n'ai fait aucune école de journalisme, mais aujourd'hui je suis heureux : j'aime mon métier, et je le pratique avec passion.

Non pas béat ni naïf, tout simplement heureux. Au-delà de cinquante-huit ans, n'a-t-on pas commencé à accumuler l'expérience des hommes ?

La prudence et le calcul n'ont pas été mes partenaires et ne le seront jamais, même si je sais bien, comme le rappelait Montaigne, qu'« un léger mouvement de la vie peut nous charger d'incertitudes et nous obliger à attendre le dernier souffle avant d'affirmer que nous avons été heureux ». Mais je n'attends pas.

Aujourd'hui, comme vous, je vis dans une société guidée par la peur – peur de tout : de la chaleur, du froid, de la grippe, de la fumée, des chiens, de son voisin... des autres. Alors, nous nous protégeons, nous inscrivons le principe de précaution dans nos institutions ; nous sommes apeurés par le moindre craquement, nous sommes emmitouflés, enserrés dans une camisole de force que nous passent toutes sortes d'autorités incapables d'assumer leurs responsabilités.

Ainsi, nous apprenons qu'à New York – et ce sera bientôt le cas chez nous –, les poussettes pour enfants sont immatriculées, par méfiance envers les nounous. On peut parfois croiser des camions sur lesquels sont apposés des autocollants avec un numéro de téléphone afin de dénoncer, éventuellement, un comportement irrespectueux du code de la route ! Serge, un auditeur de Toulouse, a raconté sur notre antenne la farce que vit sa femme, expatriée aux États-Unis pour garder les enfants d'un couple habitant en Floride : les parents lui interdisent de sortir de la maison, de communiquer avec qui que ce soit qui ne fasse pas partie de la famille, ou de parler une autre langue que l'anglais. En revanche, pas de problème pour passer sa journée à regarder la télé en grignotant... Les enfants deviennent obèses, les chats et les chiens aussi, pour lesquels des médicaments anti-obésité ont été conçus, rapportant des fortunes aux laboratoires pharmaceutiques. Par extension, les fabricants de croquettes *light*, eux aussi, prospèrent. À Paris, une épicerie pour chiens tenue par une Américaine propose des os au foie gras !

Par ailleurs, nanotechnologies et autres biométries sont en train de nous envahir et nous nous laissons docilement faire. Nous n'aurons bientôt plus de pièces de monnaie car nous réglerons tout avec nos téléphones mobiles transformés peu à peu en fil à la patte. À Madrid, on pose des puces sous la peau des adolescents qui veulent entrer dans une boîte de nuit. Ainsi, la surveillance des citoyens est chaque jour plus facile et plus complète. Il est possible depuis longtemps de pénétrer dans un ordinateur pour chercher quels documents ont été consultés ou quels livres achetés, au plus grand mépris du respect de la vie privée. Le dossier médical individuel, qui contient l'ensemble des informations sur la santé d'un patient, est-il vraiment confidentiel ? Si vous avez été mis en cause dans une procédure quelconque avant d'être mis hors de cause, trop tard ! Vous êtes déjà fiché dans le système de traitement des infractions constatées (STIC). Cinq millions de personnes répertoriées dans ce fichier risquent de se voir refuser un emploi.

À ce rythme-là, ne risque-t-on pas de se réveiller, d'ici quinze ans (ou moins), dans une société que l'on n'aura pas choisie ? Nous ne nous apercevons pas de la réduction de nos libertés ; c'est la Commission nationale de l'informatique et des libertés (CNIL) qui la dénonce, et qui demande, à juste raison, que l'on renforce ses moyens.

Nous vivons également dans une société *low cost* où la plupart des Français ont du mal à joindre les deux bouts, une société de l'indifférence et du chacun pour soi. Installé pour jouer dans le métro de Washington un matin de semaine, tel un artiste de rue, un des plus grands violonistes de notre époque, n'a même pas été reconnu. Des centaines de gens sont passés devant lui, sans s'arrêter[1]. Dans la coupelle à ses pieds, à peine une quarantaine de dollars.

Comme l'écrivait mon confrère Christophe Barbier dans *L'Express*, après les incidents de la gare du Nord en avril 2007, *« pour de nombreux Français, peu importe que l'état de droit disparaisse de certains quartiers, pourvu que la population n'en sorte pas plus que la police n'y rentre ; pour les maîtres de ces ghettos, peu importe que la société ne les intègre pas, pourvu qu'elle les laisse gérer leurs territoires et leurs trafics en fermant les yeux et en rangeant les matraques*[2] ». Deux blocs sont séparés par un mur : le « vouloir vivre ensemble » s'efface devant le « rester chez soi ». Certains veulent même tracer des frontières : soit on est du côté de l'ordre et on dénonce tout fauteur de troubles, soit on est avec les tricheurs, les « menottés », et on proteste

---

1. *Washington Post Magazine*, 8 avril 2007.
2. « Terminus gare du Nord », éditorial de Christophe Barbier, *L'Express*, 4 avril 2007.

contre les violences policières. Tolérance zéro ou régularisation massive ? Entre les deux, c'est comme s'il n'y avait point d'alternative.

Il y a quelques mois, sur RMC, nous avons écouté en direct le récit d'un facteur de Royère-de-Vassivière, 642 habitants, dans la Creuse. Quand elles en avaient besoin, certaines personnes âgées lui demandaient de leur apporter, outre le courrier, un paquet de cigarettes, une baguette de pain ou le journal. Il le faisait avec patience et sympathie. Mais cela n'a pas duré longtemps. Après avoir été suivi et « débusqué » lors d'une inspection, le facteur a finalement été sanctionné. Convoqué par sa hiérarchie, il a reçu un avertissement avant son licenciement éventuel. Pourquoi ? Et s'il livrait des médicaments et qu'il se trompe, qui serait responsable ? demande La Poste, en ouvrant, non pas un parapluie, mais un parasol, par précaution !

Je suis libre, et réfractaire aux abus d'autorité, comme vous le constaterez tout au long de cet ouvrage. Spectateur impartial du flux continu de l'actualité, j'attends tous les matins avec impatience les témoignages parfois poignants, souvent pleins de bon sens, qui parviennent au standard de RMC. La porte du studio est ouverte, vous entrez et nous parlons.

Alors, je suis avec vous, à l'écoute !

I

Le Sud

C'était le 1er août 1958, à Massillargues-Attuech, dans la maison de ma grand-mère maternelle et de son mari, mon grand-père de cœur, un homme que j'aimais, et peut-être la personne qui a le plus compté pour moi au cours de mon enfance.

Ce jour-là, je suis resté seul avec l'employée de maison. On m'a tenu à l'écart, je comprenais sans comprendre. On m'avait dit que mon grand-père était décédé, ce qui signifiait que je ne le reverrais plus. J'étais chez ma tante, en Lozère, lorsqu'on m'avait annoncé la nouvelle. Toute notre famille était réunie pour les obsèques.

J'avais neuf ans. Il faisait mauvais temps, la grêle avait abîmé les ceps et la récolte serait très mauvaise. J'étais le nez collé à la vitre, à l'étage, en short, chemise, bretelles et chaussettes hautes, les cheveux coupés en brosse, comme d'habitude.

On ne m'a pas emmené à l'enterrement sous prétexte que j'étais « trop petit ». Pourtant, en me tenant sur la pointe des pieds à la fenêtre, j'arrivais à distinguer le temple à l'horizon, au milieu des vignes. En me hissant au carreau, j'ai vu les voitures partir et le corbillard avancer lentement, même si, de loin, je ne voyais que de vagues silhouettes, peu reconnaissables à travers mes larmes et la buée sur la vitre. De mon abri, je suivais le rythme de la procession qui se dirigeait vers le cimetière attenant au temple. Mes grosses larmes semblaient faire écho aux larges gouttes qui tambourinaient dehors. À distance, j'ai imaginé toute la cérémonie, et le corps de mon grand-père mis en terre. Ce sont mes plus anciens souvenirs.

J'étais profondément attaché à cet homme pas très grand, rondouillard, au crâne dégarni, aux cheveux blancs plaqués en arrière, perpétuellement un sourire aux lèvres. Ce grand-père, qui n'avait jamais eu d'enfant et me considérait comme son petit-fils, avait rythmé les premières années de mon existence. Grossiste en mercerie, bonneterie et chaussures, il se rendait tous les jours à Alès où il possédait un commerce important au 15, rue Saint-Vincent. Cette entreprise s'appelait à l'époque « Nicolas Fabre ». Pour moi, il était le symbole même de la bonté et du goût de la vie.

Papi venait me chercher très fréquemment à la sortie de l'école élémentaire de la rue Mistral. Arrivé sur le seuil de la cour, il m'attendait. Je courais vers lui, je savais qu'il serait là. Il était mon repère. Il me tendait un pain au chocolat, me prenait par la main et me faisait monter dans sa voiture, une « canadienne » 203 Peugeot break avec l'arrière en bois. Avant de rentrer à la maison – « à la campagne », comme on disait à l'époque, car la bâtisse où vivent encore mes parents aujourd'hui se situait dans les faubourgs d'Alès et était entourée de champs[1] –, on s'arrêtait au café. Précisément à L'Empire, au cœur d'Alès, tout près de la cathédrale. Nous y entrions aussi fièrement l'un que l'autre, pour retrouver ses copains, déjà attablés. L'un était quincaillier, l'autre vendeur de tissus, un troisième travaillait dans l'immobilier, c'étaient de gros commerçants. On s'asseyait sur la banquette de moleskine bordeaux, il m'installait, mes pieds touchaient à peine le sol, mais j'aimais me retrouver parmi les grands. Puis il se commandait en guise d'apéritif un Byrrh[2], une sort de vin cuit ; quant à moi, je buvais une limonade ou une menthe à l'eau.

---

1. Du temps de mon arrière-grand-père maternel, ancien chirurgien des mines à Alès, cette demeure n'était qu'une maison de campagne où l'on allait se reposer de la ville.

2. Apéritif à base de vin aromatisé au quinquina.

J'écoutais ensuite la conversation des grands qui discutaient politique et débattaient des affaires de la ville ; nous y restions une petite demi-heure avant de rentrer.

Le plaisir que j'ai à entrer dans un café vient sans doute de là ; chaque matin, où que je sois en France, j'ai besoin d'aller pousser la porte d'un de ces établissements pour sentir l'atmosphère ; j'aime aller écouter les gens, les rencontrer. C'est ça, l'école de la vraie vie : écouter celle des autres. Avec mon papi, je restais muet, trop concentré à enregistrer les conversations et à essayer de les comprendre ; je n'en perdais pas une miette, d'autant que mon propre père travaillait beaucoup et n'allait jamais au café, lui. Il était très différent et n'avait jamais ce genre de conversation devant moi. Mais je me disais qu'un jour, peut-être, je ressemblerais à Papi et à ses amis, et que j'irais moi aussi m'installer à une table de bistrot pour discuter.

Mon grand-père était également chasseur : il s'adonnait à son passe-temps favori à quelques kilomètres de Massillargues-Attuech. Souvent, à la fin de l'été (je passais toutes mes grandes vacances chez mes grands-parents, à une quinzaine de kilomètres d'Alès), j'étais réveillé par les préparatifs du départ, et notamment le raffut de ses deux chiens adorés, des setters. Dès l'aube, je les entendais s'impatienter. André, un employé de

Papi, qui était un peu son homme à tout faire, préparait alors la canadienne.

Des effluves de café chaud montant de la cuisine venaient chatouiller mes narines. Je n'avais pas le droit de me lever si tôt, mais j'entendais tout et ne pouvais m'empêcher d'écouter. J'étais dans mon lit, tous mes sens en alerte. Papi allait rejoindre d'autres chasseurs dont l'un possédait un pavillon de chasse dans une forêt à quelques kilomètres de là. Ce n'étaient pas des forêts profondes, mais de petits bois où l'on chassait essentiellement le lièvre et le perdreau, car il y avait beaucoup moins de sangliers que de nos jours.

Je revois encore mon grand-père astiquer très régulièrement ses fusils, je savais même où ils étaient rangés (dans une armoire vitrée dont lui seul avait la clé), mais je n'avais pas le droit de m'en approcher. C'étaient moins la chasse et les armes qui me fascinaient que la possibilité de participer à une « affaire de grands » qui semblait passionner ces hommes.

Quand il venait m'embrasser avant que je ne m'endorme, Papi sentait bon. Sur ses chemises blanches ou bleu ciel toujours impeccables étaient brodées ses initiales : *R* et *C*, pour Roger Chabrol. Un soir, il m'a annoncé qu'il m'emmènerait et il m'a demandé de me préparer pour le lendemain.

À huit ans, j'étais le petit garçon le plus heureux du monde ! Je n'ai pour ainsi dire pas dormi de la nuit, tant j'étais préoccupé par la préparation de mes affaires et, surtout, de ma paire de bottes. J'ai presque dormi botté tellement j'étais excité. Le matin, j'ai aidé à charger la voiture et nous sommes partis dans la beauté de l'aube, avec cette impression d'être seuls au monde.

Comme le subodorait Papi, à mon âge, j'en ai rapidement eu assez de marcher, et André a fini par me raccompagner en voiture jusque chez un des chasseurs. En attendant leur retour, je me suis goinfré de tartines de pain grillé beurré, puis je me suis endormi sur place. Lorsqu'ils sont finalement rentrés, quelques heures plus tard, avec deux ou trois perdreaux, nous avons fait bombance et je crois même que c'est la première fois que j'ai été autorisé à tremper mes lèvres dans un verre de vin.

Les vacances passées à Massillargues-Attuech, dans l'imposante maison de ma grand-mère, une construction carrée en pierre qu'encadraient deux immenses cèdres que j'essayais toujours d'escalader, ont été les plus merveilleuses de mon enfance. Les quatre pièces du rez-de-chaussée, l'escalier intérieur, les quatre chambres du premier, la salle de bains et le grenier aménagé qui abritait les chambres des employées de maison resteront à jamais gravés dans ma mémoire. Les brocs d'eau et leurs bassines en porcelaine m'amusaient. Petit, j'y montais, alors que c'était défendu, et je goûtais l'eau d'un geste furtif. Je mimais ainsi les gestes que j'avais vus.

Cette demeure ne possédait pas de charme particulier (à l'exception de ses jolis meubles de style), mais son grand jardin était riche en massifs de buis où j'allais me cacher, parmi les toiles d'araignées. Lorsque j'en ressortais, tout le monde devinait où j'avais joué ; c'en était même vexant alors que j'avais l'impression d'avoir fait quelque chose de secret.

La bonne odeur des draps propres, du linge et des torchons est à jamais liée pour moi à cette maison. Tous les draps étaient en lin blanc, brodés, un peu rêches. Marguerite, la dame de maison, était notre blanchisseuse. Munie de sa panière en osier qu'elle portait sur sa hanche (ou déposait parfois sur une brouette sans bords), elle lavait les draps dans le lavoir de pierre de la cour, les frictionnait avec de gros pavés de savon de Marseille et les rinçait une première fois avant de descendre à la rivière, un bon kilomètre plus loin. Je l'accompagnais. Là, elle rinçait à nouveau le linge, le sortait de l'eau et l'étendait le long de la berge sur des galets ronds, tout en posant une grosse pierre à chaque coin. Elle étendait les draps au maximum et les laissait sécher au soleil : on appelait cela « timbrer les draps ».

Le soir, en se glissant dans sa couche fraîchement refaite, on était pris par cette odeur de rivière, d'armoise et de plantes du lit du Gardon. Ce qui m'évoque un autre souvenir, hivernal celui-ci, lorsque, chez ma grand-mère paternelle, à Channes, dans l'Aube, on passait des bassinoires dans les draps avant de s'y glisser. Combien de fois ai-je vu ma grand-mère réchauffer ainsi les lits au moyen de cette bouillotte en cuivre, pleine de braises, au long manche de bois ! Dans les deux cas, c'est un souvenir inoubliable du bonheur d'aller se coucher.

*

Papi était le second mari de ma grand-mère maternelle. Le premier était mort jeune. Veuve, Germaine, avait épousé l'époux de sa sœur, décédée elle aussi. Le fait qu'ils se soient tous deux retrouvés dans leur malheur ne choquait personne, à l'époque. Ma grand-mère avait deux filles : ma mère, l'aînée, et ma tante, que Papi, qui n'avait pas eu d'enfants, a adoptées. Et comme j'étais le premier petit-enfant de la famille, un garçon, il m'a immédiatement considéré comme son petit-fils.

Sa mort s'est apparentée pour moi à ma première prise de conscience de la réalité de la vie.

Après cela, ma grand-mère a pris le relais : je continuais à aller passer mes vacances chez elle et elle s'est beaucoup occupée de moi. Elle m'a appris à aimer la vigne et le vin. Elle n'était ni agricultrice ni viticultrice, mais elle possédait deux vignobles, sans doute pas très rentables, mais fort beaux. L'une de ces propriétés lui venait justement de Papi, dont elle avait hérité ; la seconde, située dans l'Hérault, à Saint-Georges-d'Orques, à côté de Montpellier, provenait d'un héritage familial. Gérante de ces deux domaines, elle dirigeait les affaires de chaque vignoble avec un régisseur et deux ouvriers agricoles. J'étais déjà allé me promener dans les vignes avec mon grand-père, j'ai continué avec ma grand-mère.

J'aime les vignes depuis toujours : y marcher quand il fait très chaud, humer l'odeur de la terre brûlante, tenter d'attraper du regard le bout du sillon, que l'on va chercher presque à l'horizon. Petit, je me souviens d'avoir beaucoup trébuché en courant entre les rangées, comme enivré d'excitation ; parfois même, en voulant sauter par-dessus, je tombais. Les vignes de ma grand-mère n'étaient guère hautes, c'étaient de vieux ceps au pied noueux. Elle les arpentait en permanence, auscultant les feuilles pour vérifier l'absence d'araignées rouges qui les rongeraient, ou de taches brunes annonçant le mildiou. En l'accompagnant, je me gorgeais souvent de grosses grappes de muscat odorant chauffé par le soleil. Je m'en gavais comme les perdreaux – d'ailleurs, j'en ai attrapé certains à la main, incapables de s'envoler parce que grisés par ce raisin mûr, déjà alcoolisé... Puis je les relâchais.

Au cours de ses visites dans les vignes, ma grand-mère recueillait des échantillons de raisin. Elle en extrayait un jus, ou plutôt un moût, ce qui lui permettait de prévoir la date idéale du début des vendanges à l'aide d'appareils mesurant le degré d'alcool. Je la regardais faire pendant des heures ; cet appareillage lesté de mercure me fascinait. J'étais constamment dans ses jupes, curieux de tout, et je n'avais qu'une hâte : l'accompagner dans ses virées, où elle finissait toujours par m'emmener. Nous partions tous les deux en voiture pour trois jours à Saint-Georges et nous logions au village, au-dessus de la cave, où elle avait une petite cuisine et une chambre. Je dormais avec elle dans un lit étroit. Elle pouvait rester des heures dans la cave pour traiter son vin, et je la regardais naviguer entre les foudres, ces immenses tonneaux de bois qui faisaient office de cuves, dans des odeurs âcres de soufre et de fermentation.

Pour moi, Massillargues-Attuech, c'étaient avant tout la vigne et la période des vendanges, qui coïncidait avec la fin des vacances et la reprise de l'école. J'aimais le mois de septembre pour l'imminence des vendanges, et non pour la rentrée des classes. Il y avait une effervescence particulière, dominée par le bruit des tracteurs et des pastières (les remorques dans lesquelles nous vidions les seaux pleins de raisins). À l'époque, on faisait moins attention au raisin que maintenant, et le vin était médiocre. On vendangeait à la serpette, en équipes de « colles » : on prenait une belle grappe dans la main gauche et, de la main droite, on attrapait la tige et on la coupait sec. Combien de fois me suis-je entaillé les doigts en allant trop vite !

Mamie était assez grande et très sèche. Les cheveux toujours coiffés et permanentés, elle portait une jupe longue et un corsage blanc immaculé. Très autoritaire, c'était une personnalité forte et respectée. Elle me reprenait lorsque je parlais mal, m'a inculqué à me tenir à table, à être poli et à respecter les autres. Depuis, la politesse est pour moi une valeur de base. Plus tard, elle m'a appris le bridge et le tennis.

Je l'aimais beaucoup, mais je la craignais aussi, car elle pouvait être assez sévère, voire cassante, sans vraiment élever la voix. Avec elle, il ne fallait pas plaisanter. Elle était un symbole de la modernité car elle conduisait elle-même sa voiture, ce qui commençait à peine à se faire dans les années soixante ; elle ne supportait pas d'être conduite.

Ancienne sportive (elle avait été seconde série de tennis), Mamie adorait regarder le sport à la télévision, et ce, jusqu'à la fin de sa vie, en 1993. Elle ne manquait jamais un tournoi de Roland-Garros, pas plus qu'elle ne ratait un match de l'équipe de France de football ; les Jeux olympiques la passionnaient. Nous discutions de sport à n'en plus finir car, dès l'âge de douze ans, je lisais assidûment le quotidien *L'Équipe*, et elle m'empruntait parfois mon journal. Plus tard, très fière de ma carrière radiophonique, elle m'écoutait tous les matins quand j'étais journaliste sportif ! Elle avait tôt compris que, n'ayant jamais été bon élève, je concentrais ma curiosité ailleurs, et elle ne cessait de répéter à mes parents que j'arriverais toujours à me débrouiller.

Issu d'une famille de magistrats, mon père, très pris par son travail, discutait peu avec nous, tout en ayant un rôle essentiel, et ma mère s'occupait de notre famille nombreuse. Je leur sais gré de ne m'avoir jamais puni malgré toutes mes mauvaises notes à l'école. À aucun moment ma famille ne m'a culpabilisé, comme s'ils avaient deviné que je m'en sortirais un jour. Et, si j'ai pu rebondir plus tard, je crois que c'est en partie parce qu'aucun de mes proches ne m'avait mis en tête l'idée de l'échec. J'ai eu une chance inouïe : grandir dans une famille d'optimistes. Mon enfance a été merveilleuse, et elle m'a permis de toujours voir les choses du bon côté.

*

Je suis né le 15 juin 1949, à Bois-Colombes, en région parisienne. Je suis l'aîné de cinq enfants, quatre garçons et une fille, et l'un des rares à ne pas être né à Alès. À cette époque, mes parents vivaient à Bécon-les-Bruyères, en banlieue parisienne, près d'Asnières, non loin de chez mes grands-parents paternels. Ils avaient trouvé un appartement dans une maison à moitié démolie face à la gare.

Quand on est l'aîné, on ne se rend pas vraiment compte que la famille est nombreuse. À la naissance de Christophe, mon dernier frère, qui a vingt ans de moins que moi, j'avais déjà une certaine forme d'indépendance, même si, matériellement, j'étais encore chez mes parents. Quand ma mère m'a annoncé être enceinte de Christophe (dont je suis le parrain), je me suis mis en colère. Je ne comprenais pas pourquoi elle pouvait encore avoir un enfant, à quarante ans... alors que, aujourd'hui, j'ai un fils qui va avoir un an et que ma femme a exactement le même âge que mon frère cadet ! Mais voilà, c'est la vie, c'est comme ça !

Tous mes frères et sœur ont très bien réussi dans leur vie professionnelle : deux d'entre eux sont avocats, un autre a de grosses responsabilités dans une multinationale américaine de l'agroalimentaire, et ma sœur est une pharmacienne spécialisée dans la dialyse. Au fil des ans, les liens avec le clan familial se sont resserrés, même si, géographiquement, nous sommes disséminés un peu partout en France. Pour moi, je me suis installé à Paris au début de ma vie professionnelle et n'en suis plus parti.

Manette, ma mère, n'a jamais exercé de profession même si, un temps, elle a tenu une boutique de fanfreluches, de colifichets et de bijoux fantaisie à Alès. C'est une mère poule, un peu comme une « mamma » italienne, qui a essentiellement élevé ses enfants, faisant toujours de leur bien-être une priorité. Je lui en suis éternellement reconnaissant, bien que cela l'ait conduite à ne pas toujours être de bonne foi. Pour ses enfants, Manette aurait été capable de mentir, voire d'aller en prison. Elle est (encore !) d'une indulgence coupable envers nous, et protège aujourd'hui ses petits-enfants. Je m'en suis rendu compte à plusieurs reprises : ses fils et sa fille ont toujours raison.

C'était, pour nous, très rassurant et équilibrant. Un matin, des gendarmes sont venus à la maison car je n'avais pas payé des amendes de stationnement qui s'étaient accumulées. J'avais plus de vingt ans et habitais encore chez mes parents, mais Manette leur a soutenu que je n'habitais plus là et qu'elle avait perdu ma trace depuis longtemps ! Elle a osé mentir à la gendarmerie !

Je n'ai que vingt ans d'écart avec ma mère et je me suis toujours senti très proche d'elle, même si je ne lui racontais pas tout, évidemment. Parfois, elle piquait de grosses colères, mais, au fil du temps, comme tout le monde, elle s'est assagie. Comment oublier les coups de martinet qu'elle me donnait sur les cuisses quand je faisais des bêtises ? Ça faisait mal sur mes jambes nues, mais cela ne l'empêchait pas de m'aimer. Un jour, à neuf ans, j'en ai eu marre, je suis allé chercher le martinet en cachette et je l'ai enterré dans le jardin, au pied d'un vieux tilleul, sous un banc de pierre. J'ai « creusé sa tombe » près de la « grotte » (une cavité rocheuse artificielle de quatre mètres de profondeur) où nous allions jouer et nous cacher pendant des heures. Je savais que Manette rangeait cet objet maudit dans un tiroir, et je me souviens de sa fureur en le cherchant. Elle n'a jamais soupçonné que j'avais pu le subtiliser ou le cacher, je le lui ai avoué bien plus tard.

Non loin de cette grotte, il y avait un massif de hauts bambous, prétexte à un voyage au long cours.

Mon imagination me transportait dans la jungle vietnamienne où les Français s'étaient battus. Avec mes soldats de plomb, j'organisais des convois, des camps retranchés, de vraies batailles. Cependant, il n'y avait jamais ni gagnant ni perdant, car ce qui m'intéressait, c'était de bien les cacher sous les feuilles de bambou, de créer des postes avancés. Seul, je pouvais passer des heures dans cette végétation qui nous avaient été donnée lorsque avait été créée, à côté d'Alès, la bambouseraie de Prafrance, propriété d'un cousin de mon grand-père maternel[1].

Ma mère nous a appris très tôt à manger sainement. Pour elle, et pour moi aujourd'hui, la qualité des produits du marché est essentielle. Elle nous a aussi inculqué la gentillesse, la politesse et la propreté. Véritable maniaque de la propreté, pendant longtemps elle n'a jamais accepté de se faire aider par une femme de ménage alors qu'elle en avait les moyens, tout simplement parce qu'elle préférait nettoyer et ranger elle-même. Combien de fois l'ai-je vue en train d'astiquer les cuivres ou, à quatre pattes dans la maison, de cirer des parquets ou des tomettes !

---

1. Ce massif de bambous existe toujours dans le jardin de la maison de mes parents.

Elle a une énergie incroyable, une force de caractère inouïe et un optimisme à toute épreuve, dont j'ai hérité. Malade depuis longtemps, (elle n'a pratiquement plus d'intestins, ce qui la handicape), elle ne se plaint jamais. Personne, dans la famille ou parmi ses amis, ne l'a jamais entendue se lamenter ; quant à moi, je ne l'ai jamais vue triste ou déprimée. Sauf à la mort de sa mère, dont la disparition l'a beaucoup touchée. C'est elle qui lui a fermé les paupières. Manette m'a transmis sa façon de voir l'existence, son immense joie de vivre.

Aujourd'hui, quand je pense à elle, je la vois s'endormir, terrassée par la fatigue, à table ou dans un fauteuil, vers 21 h 30. En revanche, à 6 heures du matin elle est d'attaque, alors que mon père dort. Dès potron-minet, Manette astique, prépare des confitures, s'active sans faire de bruit pour ne réveiller personne. Le week-end, elle va chercher des croissants frais pour tout le monde. Je la vois aussi au volant de sa voiture, tourner la clé lestement pour démarrer et donner aussitôt un grand coup d'accélérateur. À soixante-dix-huit ans, ma mère fait encore vrombir le moteur de sa voiture, elle ne peut pas s'en empêcher... Cela me fait rire à chaque fois. Il n'y a rien de plus mauvais pour les moteurs, surtout à froid !

Manette a toujours pris les choses en main, tellement elle est active. Et c'est peut-être à cause de sa plus belle qualité que je suis devenu paresseux, l'ayant tant vue s'agiter à ma place. Elle me déblayait si bien le terrain que, parfois, je n'avais plus rien à faire !

Mon père, Louis, que tout le monde appelle Léon de son deuxième prénom, a treize ans de plus que Manette, et il est d'un tempérament beaucoup plus secret. Ils se sont rencontrés à Villard-de-Lans, où il était allé se reposer dans un sanatorium après quatre ans de captivité en Allemagne. Parce que Manette avait fait, très jeune, un début de primo-infection, sa famille avait loué une villa à Villard, pour toute l'année. Bridgeuse, sa mère n'hésitait pas à recevoir chez elle des joueurs, dont Louis, appelé tout spécialement du sanatorium « à la rescousse ».

Fils d'un magistrat d'origine bourguignonne et de la région lyonnaise, cultivé, plutôt têtu, mon père a eu la chance incroyable d'avoir ma mère à ses côtés. C'est un homme de principe, ce qui parfois est un peu pénible car ça le rend assez rigide, mais, en même temps, il est curieux de beaucoup de choses. Je peux dire qu'il est d'une grande pudeur et qu'il renâcle à montrer ses sentiments, même si, en vieillissant, il a fini par s'ouvrir un peu.

À soixante-dix ans, mon père a été victime d'une véritable dépression : du jour au lendemain, on l'a retrouvé prostré dans un fauteuil, ne désirant plus rien, ne s'intéressant plus à rien, ne parlant pas et répondant à peine. Ma mère s'est très vite rendu compte du drame. Je ne le reconnaissais plus ; tout à coup, il était devenu absent au monde extérieur et s'isolait. On l'a soigné, et il a fallu presque une année avant qu'il ne s'en sorte. J'en ai été très marqué, car je ne pensais pas que cela pouvait arriver à mon père, un homme battant et solide.

Depuis, je sais que personne n'est à l'abri de la dépression. J'ai fait le rapprochement avec Philippe Labro, l'ancien P-DG de RTL, qui a raconté cette maladie dans un livre[1]. Dans les deux cas, j'ai vu ces hommes en pleine force de l'âge, au plus haut de leur réussite, trébucher brusquement, s'enfoncer comme dans des sables mouvants, se débattre... et arrêter de se débattre.

Personnellement, cela ne me fait pas peur, car je suis un optimiste forcené, et même si je suis découragé l'espace d'une demi-heure, voire d'une heure ou deux, cela ne dure jamais. Soudain, je vais entreprendre quelque chose qui va m'aider à rebondir. C'est comme quand on nage, qu'on perd pied, et qu'on commence à couler : on touche le fond, et, d'un coup de talon, on repart vers la surface. C'est une chance et une grande force de voir les choses ainsi.

---

1. *Tomber sept fois, se relever huit*, Gallimard, 2005.

J'ai une immense tendresse pour ma famille. Mon frère Denis est avocat à Montpellier, père de quatre enfants, et je partage avec lui le principe de tolérance. Avec ma sœur, Frédérique, j'ai eu de nombreux différends, plus jeune, parce que je ne voulais pas qu'elle sorte trop et, peut-être aussi, par jalousie idiote, car je trouvais que mon père était trop faible avec elle, mais tout cela s'est estompé avec le temps. Puis il y a mon frère Pascal, qui a fait une carrière internationale ; c'est un garçon au caractère en or, d'une gentillesse incroyable, et, lui aussi, d'un optimisme forcené. Enfin, il y a Christophe, avec lequel j'ai des liens particuliers : adolescent, il est souvent venu en Auvergne où je passais mes étés dans la maison de campagne de ma première femme. Je l'ai initié au tennis, je l'empêchais de sortir le soir, et je me rappelle l'avoir sérieusement sermonné un jour où il avait trop bu. Christophe a été élevé par des parents plus âgés et je lui servais un peu de père. Aujourd'hui, il est père de trois garçons adorables et bien élevés.

Dans notre famille, il n'y a aucun problème d'argent, et toutes les affaires de succession ont été réglées à l'avance par mon père. Tout est clair et transparent ; ce qui est exemplaire, et rend la vie de famille très harmonieuse. Entre frères et sœur, nous n'aurons jamais de dispute sur ces questions-là.

Quant à moi, je suis plutôt d'un caractère facile. Je dis toujours à tout le monde que tout va bien, ne rentre quasiment jamais dans les détails de ma vie parce que je ne veux pas montrer ce qui ne va pas, et aussi parce que je n'ai pas envie de m'engager dans des discussions inutiles. Cela pourrait être pris pour du mépris, mais c'est plutôt de la paresse.

Il m'arrive de me mettre en colère, mais j'ignore ce qu'est la rancune, comme ma mère. Du coup, je n'aime pas les gens rancuniers : pour moi, le ressentiment est une perte de temps et, surtout, d'énergie, alors qu'on pourrait se concentrer pour avancer, toujours avancer. Certes, on est en permanence à la conquête du temps : plus on vieillit, plus on le grignote, mais il me semble que c'est pour en profiter de mieux en mieux, et, surtout, éviter de le perdre. Or la rancune est une perte de temps, elle fait mal, elle est destructrice et ne sert à rien.

Même si, par passion, je travaille beaucoup, ma vie est un éloge de la paresse. Je peux rester des heures à une terrasse de café pour regarder les gens, me mettre au balcon pour observer la rue, ou m'installer dans un parc, sur un banc. Combien de fois m'est-il arrivé de m'asseoir dans un café uniquement pour écouter les conversations des voisins ! C'est peut-être un tantinet voyeur, je le reconnais, mais j'ai envie de connaître la vie des gens. Adolescent, j'imaginais souvent le quotidien d'un immeuble où je me voyais habiter ; à chaque étage, j'inventais la vie des familles, des personnages qui évoluaient au fil du temps, c'était un scénario en perpétuel mouvement.

Je suis très heureux d'avoir des horaires imposés, j'aime tellement ce que je fais... mais, si je n'avais pas trouvé ce métier-là, je ne sais pas ce que j'aurais pu faire. Être à la radio tous les matins me conserve, me donne de l'énergie et cultive mon insatiable curiosité. J'ai une chance incroyable !

*

Au début des années cinquante, mes parents ont emménagé boulevard des Capucines, près de l'Opéra, et nous avons vécu, jusqu'à ce que j'aie trois ans, dans un deux pièces : la chambre de mes parents et le salon dans lequel je dormais. Une dame du quartier surnommée « Mémère » aidait ma mère à faire du repassage. Je revois encore la cuisine et la table en Formica autour de laquelle je tournais avec mon tricycle. À chaque passage, maladroitement, je roulais sur les pieds de Mémère, qui, sans doute, souffrait de problèmes circulatoires car ses pieds et ses mollets étaient enflés. Elle avait mal, mais elle était tellement gentille qu'elle ne pipait mot.

Un jour, sur le boulevard, je me suis échappé pour courir sur la chaussée. Cinquante ans plus tard, j'entends encore le cri déchirant de ma mère. La voiture, une traction, a freiné dans un crissement de pneus effroyable. De peur, je suis tombé, le pare-chocs à la hauteur de mes yeux. Une autre peur reste gravée dans ma mémoire, quand je suis resté bloqué avec ma grand-mère dans le téléphérique du Brévent, près de Chamonix, me donnant le vertige pour toute ma vie.

À l'époque de l'effervescence économique de l'après-guerre, mon père, docteur en droit, avait trouvé un travail au service juridique du Crédit hôtelier, une banque chargée de financer des projets touristiques et de développer des casinos à travers toute la France. Lorsque l'affaire de Roger Chabrol, mon Papi grossiste, a commencé à péricliter, il a fait appel à son beau-fils. En novembre 1952, nous avons quitté la capitale et rejoint Alès pour « redynamiser » l'entreprise familiale. Les Établissements Nicolas Fabre ne possédaient même pas de camionnette pour transporter les marchandises à la gare ou chez les clients ! Il n'y avait qu'un chariot aux grandes roues, poussé par un employé aux couleurs de la maison !

Gamin, j'étais très impressionné par ce grand magasin avant l'heure, au magnifique mobilier de bois, les grands comptoirs pour déployer les tissus et les commodes de mercerie aux innombrables tiroirs qui ont fait ensuite le bonheur des collectionneurs. Une quinzaine d'employés, vêtus de blouse grise, étaient à la fois craints et admirés, car seuls les représentants de commerce portaient des costumes. Je n'aurais alors jamais imaginé qu'un jour j'aurais à mon tour l'immense honneur de prendre la route et ces belles valises cloutées pour travailler comme représentant.

C'est d'ailleurs peut-être cela qui m'a donné le goût de pousser la porte d'une échoppe, quelle qu'elle soit – un fromager, un boucher, un poissonnier ou une mercerie –, pour regarder les marchandises, entendre le vendeur faire l'article à son client et écouter son boniment. Il me semble que c'est cela, le véritable « commerce de proximité » ! À tel point que j'avais presque eu envie, dans mes rêves, de devenir crémier : pour avoir ma clientèle d'habitués et, surtout, pour le plaisir d'emballer les produits dans ce papier lisse, presque huilé sur sa face intérieure, qu'il fallait soigneusement plier. En accompagnant ma mère chez le crémier, j'ai toujours fait attention à l'emballage des produits.

À Alès, nous avons d'abord vécu en appartement dans une maison bourgeoise du boulevard Gambetta. Ensuite, nous nous sommes installés au Pont Vieux, où je passais mon temps à regarder les voitures par la fenêtre.

J'avais sept ans lorsqu'on m'a emmené visiter « la campagne », cette maison qui est devenue notre demeure familiale. Ma grand-mère avait reçu de son père cette propriété, située à un kilomètre et demi du centre d'Alès, sur la vieille route d'Anduze, et qui, aujourd'hui, fait entièrement partie de la ville. Mon frère Denis avait quatre ans, et ma sœur, Frédérique, allait naître en novembre, mais, le jour de ma première visite, j'étais seul avec mes parents : l'hiver avait été rude, il avait beaucoup neigé, et la poudreuse m'arrivait au milieu du ventre ! Je parvenais à peine à marcher dans le jardin !

En 1958, j'ai vu la télévision (sans vraiment la regarder) pour la première fois, chez des amis de mes parents, à l'occasion du match France-Brésil de la Coupe du monde de football en Suède. Cet imposant poste de télévision, à la qualité d'image assez moyenne, me semblait parfaitement incongru dans une salle à manger, mais il retransmettait la compétition en direct.

Après l'école primaire de la rue Mistral, je suis entré au collège Jean-Moulin. L'été, ma mère m'avait appris à lire (non sans peine, d'ailleurs), dans la maison d'Attuech, et j'avais réussi à sauter mon année de cours préparatoire. On s'installait à la table de la salle à manger et on utilisait l'image de la « pi-pe ». J'en ai bavé, c'était très dur, et ma mère me reprochait sans cesse d'être « bouché à l'émeri »...

C'est ainsi que je suis arrivé en sixième avec un an d'avance, mais j'étais timide et très introverti. Je me souviens que les passages chez le coiffeur, où ma mère me faisait couper les cheveux en brosse, me traumatisaient. D'abord, je n'aimais pas qu'on remarque toujours que je venais de sortir de chez le coiffeur, mais surtout M. Sauvent utilisait une tondeuse mécanique pour couper les côtés, la nuque et faire le tour de l'oreille. Cet instrument froid, qui me tirait la peau et les cheveux, était fort désagréable. Ma mère est une femme formidable, mais elle est une maniaque de la netteté, de la propreté, du rangement et de l'organisation. Son fils se devait d'être impeccable.

En 1961, le lycée Jean-Baptiste-Dumas, dans le quartier du Pré-Saint-Jean, venait d'être construit ainsi que le collège attenant. C'était un quartier populaire où étaient logés les travailleurs venant essentiellement du Maghreb. Ironiquement, ce quartier abritait les courts de tennis de la ville, et c'était donc à l'ombre des tours du Pré-Saint-Jean que jouaient les privilégiés du club de tennis alésien dont je faisais partie. Là, deux mondes se côtoyaient sans vraiment se voir. Je me souviens de m'être demandé pourquoi les gens ne se mélangeaient pas. Je n'avais pas encore vraiment conscience de ces problèmes de société, mais ça me mettait un peu mal à l'aise.

*

J'ai beaucoup aimé Alès, et j'aime toujours y retourner, notamment au moment de Noël. De nombreuses guirlandes ornent les bâtiments de la ville, des lotos et des quines sont organisés dans tous les cafés entre décembre et fin janvier. Le quine est un jeu qui ressemble au loto, on y joue avec des cartons. Des numéros sont tirés au hasard, si on a une ligne complète, il faut crier « Quine, quine ! » en brandissant son carton ; on gagne alors un lot. Lorsque tous les lots sont distribués, il reste le « gros lot » qui se gagne, non pas à la ligne complète, mais au carton plein. Les numéros sortent d'un boulier de fer sur trépied, l'ancêtre des machines automatiques actuelles. Autrefois, celui qui était chargé d'annoncer les chiffres gagnants donnait un tour de manivelle pour brasser. Lorsqu'il se mettait à tourner, dans la salle, tout le monde criait : « Boulègue, boulègue, boulègue ! », ce qui signifie : « Mélange, tourne », en patois cévenol. S'il était en forme, l'homme disait des blagues au micro, comme : « Le 14, l'homme fort ! », parce que, à l'époque, aux halles de Paris, tous les hommes forts venaient du Calvados (le département 14) ; ou « 13, ma sœur Thérèse ! », pour faire une rime, ou encore « 22, v'là les flics ! », « 3 (Troyes), dans l'Aube ! », « 7 (Sète), dans l'Hérault ». À Noël, nous assistions à ces quines en famille, et nous avons tous gagné des saucissons, des jambons ou de la volaille. Cette ambiance de fête me plaisait.

La ville est traversée par le Gardon, qui, s'il est réduit à un filet d'eau l'été, est aussi capable de grossir, de mugir et de tuer. Dans mon enfance, c'était une cité aux vieux quartiers historiques, un peu comme Uzès ; malheureusement, des fous d'urbanisme, un maire et ses acolytes, l'ont détruite entre 1958 et 1964. Les vieux quartiers ont été rasés pour des constructions neuves qui ne sont pas belles. Du coup, Alès a perdu de son caractère et de sa superbe. C'est dommage, car la ville était riche, marquée par un long passé minier (si les mineurs travaillaient dur, ils gagnaient bien leur vie).

Inébranlablement protestante, Alès – qui est en train de se relever économiquement – a été communiste pendant une trentaine d'années. C'est une ville rebelle comme le sont les Cévennes. Je suis d'ailleurs cévenol et fier de l'être, protestant du côté de ma mère, mais non pratiquant.

Je tiens à ma terre familiale, marquée par la guerre des camisards qui étaient entrés en dissidence contre le pouvoir central. Ils ont embrasé toutes les Cévennes. Cette histoire régionale m'a passionné, et lorsqu'un membre de ma famille a fait faire notre arbre généalogique, nous nous sommes aperçus qu'un de nos ancêtres directs était Rolland Laporte, un des chefs camisards les plus connus dans la montagne cévenole[1].

Ce Rolland est né dans la maison aujourd'hui appelée le « musée du Désert », situé au Mas Soubeyran, dans la commune de Mialet (Gard), non loin d'Alès et de Nîmes. Le « désert », c'étaient les Causses cévenols où les protestants organisaient leurs assemblées.

La terre des Cévennes est pauvre et la richesse, quand elle existe, n'est jamais ostentatoire ; le protestant cévenol est obstiné, abrupt, mais tolérant. J'ai été éduqué dans cet esprit de tolérance. Croyante, même si elle n'a jamais été très pratiquante, ma mère tenait à nous transmettre des valeurs protestantes. J'ai reçu une éducation religieuse et j'ai fait ma confirmation à quinze ans, en 1964. Notre pasteur, M. Brét, avait créé une « maison des jeunes » où des copains m'avaient entraîné. Il nous avait même donné l'autorisation d'organiser une surprise-partie avec des filles, sous son contrôle, bien sûr. Cet homme charmant et

1. Dans la plaine, le chef rebelle le plus connu était Jean Cavalier.

dynamique, à l'esprit œcuménique, nous avait aussi emmenés à Saas-Fé, en Suisse, non loin de Saint-Moritz, pour faire du ski.

En 1979, lorsque je me suis marié, j'ai tenu à ce que la cérémonie ait lieu au temple cévenol de Massillargues-Attuech, tout près de la tombe de mon grand-père Roger Chabrol. Marie-Laure, ma première femme, étant catholique, nous avions organisé une cérémonie mixte. Sur cette terre encore si imprégnée de protestantisme, voir pénétrer un prêtre dans le temple était un véritable événement, à tel point que de nombreux villageois sont venus écouter le double sermon. Le prêtre catholique, un dominicain, était tout de blanc vêtu, et le pasteur local, tout en noir.

Dans ces Cévennes profondes, les racines protestantes étaient encore tenaces et parfois, lorsqu'une famille catholique venait s'installer dans la région, on lui clouait une chouette sur la porte en guise de bienvenue. Même si les catholiques ne sont plus mal vus dans la vallée, le pays conserve une forte tradition protestante. Peut-être est-ce pour cela que, au fond de moi, je déteste l'autorité.

L'oncle André, un de mes grands-oncles maternels, habitait aussi dans les Cévennes. Il avait été armateur et on faisait grand cas de ce qu'avait dû être sa vie de voyageur. On racontait que ses bateaux avaient sillonné la Méditerranée et qu'il avait donné d'immenses réceptions. J'imaginais le faste et les grands lustres, mais, quand nous allions lui rendre visite près de Saint-Étienne-Vallée-Française, je constatais qu'il vivait plutôt simplement, voire chichement, seul dans une maisonnette avec ses chiens. Il tuait le cochon avec un voisin agriculteur et nous offrait du jambon cru de sa production. Je me souviens de la tête de ma mère, qui ne pouvait s'empêcher de prendre un air dégoûté, quand les chiens se mettaient à lécher le jambon et que mon grand-oncle coupait quand même la tranche souillée et la servait.

C'était l'époque où je passais beaucoup de temps à jouer avec mon cousin Philippe. Il vit aujourd'hui en Lozère, dans une des plus belles fermes-auberges de France ; courageux, il a acheté le Merlet, un hameau perdu sur le mont Lozère, pas très loin du Pont-de-Montvert, et l'a entièrement retapé avec l'aide de sa femme.

*

Le premier sport que j'ai pratiqué a été le tennis, grâce à ma grand-mère qui avait été deuxième série avant la guerre, mais qui avait dû arrêter pour cause de fracture de la cheville. Elle s'était mis en tête de m'apprendre le tennis et m'a payé des leçons avec des professeurs privés, d'abord au Chambon-sur-Lignon, où, de 1963 à 1965, nous sommes allés avec mes parents trois années de suite en vacances dans une maison louée pour l'été, puis à Alès. Parce qu'il était souvent allé non loin de Tence en vacances dans sa jeunesse, mon père avait eu envie d'y retourner avec sa femme et ses enfants.

Comprenant que j'avais des dispositions pour le tennis, ma grand-mère m'a offert d'autres cours, notamment chez ma tante Monique, au Rayol sur la Côte, puis je me suis inscrit au tennis club alésien. J'ai été classé 15/4, sélectionné en cadet au niveau régional et même envoyé au CREPS de Montpellier pour un stage payé par la Fédération de tennis, afin de détecter les meilleurs espoirs du Languedoc. La discipline y était sévère : lever à 7 heures, gymnastique, petit déjeuner, athlétisme, déjeuner, puis cinq heures de tennis l'après-midi. À cette époque, le tennis était encore réservé à une élite sociale et, dans mon club alésien, j'étais entouré d'adultes et un peu exclu ; on n'y aimait pas beaucoup les jeunes, même si j'avais intégré l'équipe première. Alors, finalement, j'ai opté pour le football car tous mes copains y jouaient.

C'est au Chambon que j'ai découvert l'odeur particulière d'une rivière et le plaisir de la pêche, car nous partions ramasser les écrevisses à la balance. Avec ses filets cerclés de métal et son long fil, on posait la balance sur le fond de la rivière ou devant une souche, après y avoir soigneusement déposé un appât de tête de mouton avariée. Trois ou quatre heures plus tard, on trouvait la dizaine de balances remplies de très nombreuses écrevisses occupées à manger la viande ; il n'y avait plus qu'à les remonter. Plus tard, en Auvergne, j'ai continué à pêcher l'écrevisse, et, même si les rivières de cette partie de la France fournissaient déjà moins de « bêtes », j'en attrapais énormément car j'avais amélioré ma technique[1].

En Auvergne, j'ai parfois braconné, mais toujours de façon intelligente, car je suis un fervent défenseur de la faune, de la flore et des rivières. Ma mère, une cuisinière hors pair, préparait les écrevisses à l'américaine ou flambées au cognac. Plus que tout le reste, j'aime la sauce que l'on met sur du pain... on se lèche les doigts tellement c'est bon.

C'est aussi au Chambon que je suis allé pour la première fois en boîte de nuit, à la Gargouille. Mes parents m'y avaient emmené, car ils allaient assez souvent y prendre l'apéritif, en 2 CV décapotée. Et j'y ai aussi vu des enfants du monde entier, notamment des Noirs africains, pour la première fois de

1. *Cf. infra.*

ma vie[1] ; à Alès, il y avait nombre de Polonais et d'immigrés du Maghreb travaillant à la mine, mais pas d'Africains.

C'est une région protestante célèbre et le village, ainsi que le plateau où il se situe, est le seul à avoir reçu la distinction des Justes pour sa mobilisation pendant la Seconde Guerre mondiale[2]. Entre trois et cinq mille enfants juifs y ont été sauvés, grâce à un pasteur héroïque qui, sous l'Occupation, avait refusé d'écouter la parole des hommes pour ne se fier qu'à celle de Dieu. Lorsque je l'ai appris, longtemps après, cela ne m'a pas surpris. Tous les protestants connaissent le Chambon grâce au Collège cévenol et, surtout, grâce à cette distinction.

*

Je n'aimais pas vraiment l'école, avant tout parce qu'elle était obligatoire, mais aussi parce que peu de professeurs ont réussi à m'intéresser, sauf, peut-être, M. Quinçat qui enseignait le français, le latin et le

1. Ils venaient du Collège cévenol, mondialement connu.

2. Les 3 000 habitants de Chambon-sur-Lignon ont été honorés collectivement pour avoir sauvé entre trois et cinq mille juifs pendant la Seconde Guerre mondiale.

grec en seconde et en première. Grâce à lui j'ai repris goût au lycée. Au collège, j'avais été un élève moyen. Il ne fallait pas compter sur mon père pour m'aider, ni sur ma mère, très occupée avec mes frères et sœur ; j'étais donc livré à moi-même. Insouciant, j'étais toujours gai et souriant. Je suis finalement passé de la sixième en cinquième, puis en quatrième, et c'est là que les problèmes ont commencé : j'ai redoublé ma quatrième – et donc perdu mon année d'avance – puis j'ai également redoublé ma troisième.

Mes parents ont commencé à s'inquiéter de mes mauvais résultats ; malgré les leçons particulières, j'étais très mauvais en mathématiques. Je n'aimais que la géographie, la gymnastique et le français. M. Colonna d'Istria, le prof de maths, était très dur sans être méchant, et il rendait les copies en présentant d'abord les moins bonnes, ce qui était humiliant. « Vous vous doutez bien des noms des deux élèves par lesquels je vais commencer », grondait-il. Du coup, je n'ai jamais progressé en maths. Jean-Bernard Vieux, un copain de classe dont je partageais le pupitre, était un peu meilleur que moi et m'aidait, mais je ne me souciais même pas de copier sur lui.

Qu'est-ce qui m'intéressait ? Avant tout, le sport, que je pratiquais à haute dose, les bandes dessinées que je dévorais, et la nature. Je lisais aussi certains livres, j'ai notamment beaucoup aimé toute la collection de

« la Bibliothèque verte » ; je me souviens de *Quentin Durward*, le célèbre roman de Walter Scott, et des livres de Joseph Conrad. Et puis, il faut le dire, je rêvassais beaucoup. Je passais mon temps chez mes copains, j'adorais jouer. Je suis vraiment un joueur-né. Par exemple, on pariait à celui qui lancerait une pierre le plus près du mur, ou alors on jouait aux billes, aux osselets. Quand mes copains commençaient à parler des filles, j'éludais la question des « amoureuses », je musardais et bougonnais dans mon coin.

Mes années de lycée m'ont assez peu marqué, sauf celle de seconde, quand j'ai découvert le grec ancien et la littérature avec M. Quinçat, un enseignant passionné. Il était tellement énergique quand il nous parlait de Racine ou de Corneille qu'il arrivait à nous communiquer sa passion. Grâce à lui, je me suis mis à lire des classiques. Il m'a fait aimer le mystère de la langue grecque : les sous-entendus, les racines ; il ne faut pas grand-chose pour que l'imagination se mette à travailler. D'ailleurs, je me souviens encore de l'alphabet grec. Je n'avais de bonnes notes que dans cette matière, car, pour le reste, c'était plutôt minable. Je ne pensais qu'au sport et aux copains.

À quinze ans, j'ai joué au football dans le club des Cheminots d'Alès, où des copains étaient licenciés. On disputait le championnat d'Alès-Ville qui, à l'époque, était d'un haut niveau. À l'occasion de la coupe Gard-Lozère, on avait même joué contre la réserve de Nîmes Olympique, une équipe professionnelle. Le match était disputé à Alès, et nous avions perdu 4-1, après avoir mené 1-0. Je jouais avant-centre (maillot numéro 9) et, si je n'étais pas imparable techniquement, je courais très vite, j'étais à la pointe de l'attaque.

Même si nous étions sortis la veille, tous les dimanches, qu'il pleuve ou qu'il vente, on passait notre journée à jouer au foot. On arrivait tôt le matin, en voiture. Je n'avais pas encore mon bac (je ne l'ai eu qu'à dix-neuf ans), et ma mère me prêtait sa 2 CV. En hiver, tout était gelé, parfois même les vestiaires n'étaient pas chauffés. Je me souviens de la forte odeur de l'embrocation, un produit que l'on se passait sur les muscles des jambes, les mollets et les cuisses, pour les réchauffer et empêcher les claquages. J'entends encore le bruit des douze ou quinze paires de crampons qui produisaient un beau vacarme sur le sol cimenté des vestiaires, avant l'entrée sur le terrain. Puis, la porte s'ouvrait, on se mettait à courir, le bruit s'éloignait, et on jouait.

Après la partie, il y avait le sacro-saint apéro au café du coin, le Bar du lycée ou le Bar du palais, et on refaisait le match en buvant des pastis. J'avais été sélectionné dans l'équipe régionale des Cheminots et on partait donc en déplacement. C'est à ce moment-là que j'ai commencé à boire de l'alcool, malheureusement trop tôt, ce qui m'a entraîné plus tard dans des excès que je regrette.

Grâce aux Cheminots, on a sillonné tout le Gard. Parfois, des incidents surprenants se produisaient. C'est ainsi que, à Saint-Jean-de-Valériscle, lors d'un match de coupe, j'ai vu un spectateur entrer sur le terrain avec un fusil. Les joueurs des deux équipes se sont enfuis, abandonnant les arbitres ! Ce n'était qu'un supporter mécontent d'une décision d'arbitrage, mais il a fallu appeler les gendarmes.

J'avais fait venir mon ami Bernard Lamouroux aux Cheminots, et il était devenu gardien de but. Aujourd'hui, il fait toujours partie de mon cercle d'intimes. Je l'avais rencontré chez le pasteur Brét, alors que Bernard était catholique. À seize ans, nous sommes partis à quatre amis, sac au dos, faire le tour de la Suisse en Mobylette. Nous avions tout simplement eu envie de découvrir un pays voisin. Nos parents nous avaient donné un peu d'argent, et j'avais ajouté ce que j'avais économisé en faisant les vendanges. On plantait notre tente dans des endroits incroyables, parfois non autorisés. Au bord du lac de Lucerne, nous avions fait la connaissance de trois jeunes Suédoises, mais nous étions d'une maladresse extrême, incapables de leur faire la conversation car nous parlions très mal l'anglais et elles se moquaient de nous.

Adolescent, je ne vivais que pour les escapades entre copains. J'étais d'une insouciance totale, et la vie était belle, tout simplement. À quinze ans, avant que je n'apprenne à conduire, mes parents m'avaient offert mon premier cyclomoteur, une Motobécane bleue. C'est sur ce deux-roues que je suis rentré chez eux, une nuit, après avoir fait l'amour pour la première fois ! J'avais dix-sept ans, j'étais en seconde et ma petite amie en terminale. Nous nous étions retrouvés la veille au soir dans une boîte de nuit. Elle s'appelait Mireille et était blonde aux yeux verts. Je l'ai ramenée chez elle, à une dizaine de kilomètres d'Alès, à 5 heures du matin ! En revenant à la maison, j'étais le plus heureux des hommes sur ma Motobécane. Je chantais, le jour se levait, et je me sentais bien. Les souvenirs de bonheur sont faits d'éclats de rire et de vie, mais ne sont jamais en continu. Cette nuit-là, j'étais bien.

Bernard et moi sommes vite devenus inséparables jusqu'à ne plus pouvoir imaginer partir en vacances l'un sans l'autre. À l'été 1972, avec Toussaint, un ami corse, nous avons fait nos sacs pour l'Angleterre. Je me souviens que le hit du moment était un slow du groupe Procol Harum, *A Whiter Shade of Pale*. En

Angleterre, chacun de nous était hébergé dans une famille, à Eastbourne, sur la côte sud. Mais nous ne cessions de nous retrouver pour aller dans une boîte de nuit locale réputée pour ses *gogo-sisters*. Ce voyage était vraiment digne du film de Michel Lang, *À nous les petites Anglaises* ! Toutes les filles rêvaient de rencontrer des *Frenchies* comme nous. Comme je parlais sans cesse français avec mes deux copains, je n'ai fait aucun progrès en anglais. Nous avons aussi fait du stop pour découvrir le pays, mais au bout de deux jours, nous n'avions plus un sou. Il était prévu que nous devions recevoir de l'argent de nos parents, mais la poste ne fonctionnait pas et nous avons fini par nous retrouver bloqués à Grantham, au centre de l'Angleterre, sans rien pour manger ni dormir. Nous avons donc planté notre tente dans un parc public. Les deux premiers jours, les *bobbies* ont toléré notre présence. Toussaint grattait sa guitare et nous chantions, mais, je l'avoue aujourd'hui, j'ai dû chaparder un peu de viande dans un supermarché du coin pour que nous mangions... J'avais une technique imparable : j'achetais un journal, je glissais la viande entre les pages et ressortais comme si de rien n'était, après n'avoir acheté qu'un paquet de chewing-gums ! En y repensant, j'ai honte.

En 1968, j'étais en terminale au lycée ; mon année scolaire avait été particulièrement mauvaise. Comme je m'ennuyais en classe, je n'allais plus en cours et passais mon temps au café à jouer aux tarots.

C'est d'ailleurs en faisant l'école buissonnière, parce que je m'ennuyais à l'école, que je me suis mis aux cartes. Mes parents m'avaient appris le bridge, un de leurs jeux préférés, avec un couple d'amis, les Tribes. J'admirais le jeu de Jean Tribes, à l'instinct, et aussi sa façon de tenir les cartes en fumant des gitanes. Si ma mère s'endormait dès qu'elle s'asseyait à une table de bridge, ma grand-mère jouait beaucoup avec mon père, et cela les a rapprochés. C'est en observant leurs parties que j'ai appris ce jeu.

Mon père a fini par être convoqué par le proviseur car je multipliais les absences et rédigeais des mots d'excuse en imitant sa signature. Finaud, le proviseur, qui se doutait de quelque chose, a ouvert son tiroir de bureau et l'a renversé sur sa table, devant mon père ébahi. Il contenait des dizaines et des dizaines de mots d'absence ! Mon père est tombé des nues. Quant à moi, j'ai été suspendu et exclu du lycée temporairement. On m'a aussi menacé de m'interdire de passer l'épreuve du baccalauréat.

Je me suis un peu calmé mais, en avril, les mouvements d'étudiants ont commencé. De notre lointaine province, nous n'avions rien vu venir. Mais en tuant le temps au café, j'avais l'impression de mettre en pratique les principes de Mai 68 toute l'année. J'étais persuadé que je n'aurais jamais mon baccalauréat et je n'avais aucune idée de ce que pourrait être mon futur métier. Je me disais simplement que, peut-être, je travaillerais dans le sport, car j'achetais *L'Équipe* et le lisais de fond en comble tous les jours, je regardais aussi tous les matchs de foot à la télévision et j'étais un fervent supporter de Nîmes Olympique. C'était mon club ! Ah, la butte du stade Jean-Bouin, ce vieux stade mythique de Nîmes !

À Alès, nous savions ce qui se passait à Paris, nous entendions parler de pénurie d'essence, ce qui nous faisait bien rire, mais, petit à petit, nous n'avons plus trouvé d'essence, les problèmes d'approvisionnement étaient réels. Puis il y a eu des manifestations que mon père désapprouvait, mais cela m'amusait car ces troubles me permettaient de ne pas aller au lycée, fermé pour l'occasion... Je n'ai pourtant participé à aucun de ces rassemblements, et je manifestais... au café, en jouant aux cartes. J'étais vraiment un je-m'en-foutiste total !

Cette année-là, la rumeur a même couru que les épreuves du baccalauréat seraient annulées, une véritable aubaine ! Lorsque ces bruits parvenaient jusque dans la salle du café, ils faisaient ma joie. Je riais de ces troubles devenus très sérieux et ne prenais parti pour personne ; en fait, je ne me sentais pas du tout concerné. C'était le printemps, nous allions nous baigner entre copains dans le Gardon, nous emmenions les filles sur le porte-bagages de nos Mobylette, pendant que d'autres défilaient.

Finalement, les épreuves écrites du bac ont bel et bien été annulées et il a été annoncé que l'examen ne serait passé qu'à l'oral. Quelle chance ! Je ne me suis mis à réviser que la veille ou l'avant-veille. J'étais devenu un as pour donner le change : je disais toujours à mes parents que tout allait bien, j'étais décontracté et optimiste. J'ai passé un bac purement littéraire dont les épreuves principales étaient histoire-géographie, français, latin, grec et anglais. Je me suis qualifié pour l'épreuve de rattrapage de septembre, ce qui n'aurait pas été possible si j'avais été obligé de passer l'écrit.

En août 1968, mes parents ont repris les choses en main et m'ont envoyé dans une boîte à bac pendant tout le mois. Je m'y suis terriblement ennuyé, mais j'ai eu mon examen. Le jour de la publication des résultats ne m'a pas marqué. Qu'allais-je faire plus tard ? Je ne débordais pas d'ambition. Je me disais que je pourrais peut-être devenir journaliste sportif, car je voulais écrire ou parler de sport, mais jamais je n'aurais pensé faire de la radio.

Pour moi, le plaisir était essentiel, j'étais un hédoniste. Mon bac en poche, mon père m'a demandé ce que je voulais faire. Je n'en avais pas la moindre idée, il m'a alors suggéré de faire du droit (comme lui), et j'ai accepté. Ma petite copine de l'époque étant partie faire l'école hôtelière de Lausanne, je me suis dit que Grenoble était sans doute l'université en France qui m'éloignerait le moins d'elle. C'est pourquoi, sans grande passion, je me suis inscrit en faculté de droit à Grenoble, parce que « le droit, ça mène à tout ». Je suis donc allé sur le campus de Saint-Martin-d'Hères pour m'inscrire. En fait, je n'avais aucune idée de ce qu'était le droit, ça ne m'intéressait pas. De plus, à la rentrée universitaire, ma copine et moi nous sommes fâchés, je n'avais donc plus aucune raison de me trouver dans cette ville ni sur son campus, où j'étais inscrit.

*

Je me suis installé dans une chambre de bonne sous les toits sans chauffage. Comme il faisait vraiment trop froid, j'ai déménagé dans un petit hôtel avec toilettes sur le palier. Mes parents, qui croyaient payer mes études, n'ont pas su que j'avais quitté ma chambre. Ils ne se sont pas rendu compte non plus que, cette année-là, à Grenoble, j'ai commencé à boire dangereusement. J'étais fier de rouler dans les rues de la ville en Simca 1000 bleue, ma première voiture, achetée d'occasion, qui m'avait été pour moitié offerte par mon père (lors de mon inscription) et, pour l'autre moitié, payée par mon salaire lors des vendanges. J'aimais rouler vite, et quand j'allais d'Alès à Grenoble, j'étais à fond tout le temps (pourtant, il n'y avait pas d'autoroute sur tout le parcours). J'écoutais de la musique très fort, j'aimais les standards de l'époque, la chanson française.

À Grenoble, j'ai intégré une bande d'étudiants pas très jeunes et plutôt glandeurs, dont le fils du préfet. Tout ce petit monde se retrouvait quotidiennement à « la maison du café ». Qu'est-ce qu'on y faisait ? On s'installait vers 16 ou 17 heures pour boire de la bière, puis on écumait les bars toute la nuit. On se rendait chez les uns ou les autres, on ne faisait que boire. Le lendemain matin, évidemment, on ne se levait pas. Je dépensais tout mon argent en alcool et je n'en avais plus pour m'acheter à manger ; d'ailleurs, je me nourrissais n'importe comment. Je n'ai pas mis les pieds de toute l'année scolaire sur le campus de l'université.

J'étais ivre quatre jours par semaine et je rentrais à Alès en voiture, le vendredi, où j'arrivais impeccable. Je mettais un point d'honneur à donner le change, et j'assurais mes parents que mes études se poursuivaient parfaitement, sans m'attarder sur les détails. Finalement, j'étais le seul à connaître la réalité. Cela a duré un an, un an d'alcool et de fêtes...

Dans ce groupe, si on buvait vraiment beaucoup, on n'a cependant jamais touché à la drogue. Je le reconnais aujourd'hui, j'ai eu tort de me laisser aller, mais la plupart de mes amis étaient plus âgés que moi et je ne me suis pas vraiment rendu compte de ce que je faisais. J'étais immature, plutôt naïf, et je me suis laissé embarquer facilement dans ces soirées et ces excès.

Quand nous avons organisé un « championnat athlético-alcoolique » d'étudiants, nous avons fait la une du *Dauphiné libéré* : entre deux épreuves sportives, il fallait s'arrêter dans un café et boire jusqu'à plus soif. L'une des épreuves consistait à monter en courant la Bastille, une rude côte de Grenoble. Arrivés en haut, on buvait, puis on redescendait, et rebelote. C'était vraiment ridicule.

Un jour, nous nous sommes même lancé le défi de nous rendre à quatre pattes, un verre de bière à la main, jusqu'aux Trois Dauphins, un café du centre-ville. Nous avons aussi déversé des colorants, utilisés en spéléologie, dans l'eau de l'Isère, et répandu de la lessive dans les principales fontaines qui se sont toutes mises à mousser. Nous avons été accusés d'actes de vandalisme, mais, puisque notre bande abritait le fils du préfet, on a passé l'éponge sur toutes nos bêtises.

Cette année-là, je me suis passionné pour la conduite automobile. Au-dessus de Grenoble, dans la Chartreuse, des pilotes venaient s'entraîner, à partir de décembre, pour le rallye de Monte-Carlo. À Saint-Pierre-de-Chartreuse, deux filles d'hôteliers étaient des pilotes réputés et, du coup, tous les champions descendaient dans l'hôtel-restaurant tenu par la famille Veyron. On allait de temps en temps y manger entre copains, et on avait même sympathisé avec certains pilotes. À tel point que quelques-uns d'entre eux, Lampinen et Mäkinen, des Finlandais, et Trottman, un Français, avaient accepté de m'emmener dans leurs voitures, des Lancia et des Austin, pendant les entraînements. J'étais enthousiasmé, notamment au passage du col du Cucheron, sur la neige et sur la glace. Ensuite, je passais des heures à faire des dérapages contrôlés avec ma Simca 1000 sur ces routes de montagne. J'essayais de les imiter.

Puisque je n'avais participé ni aux TD ni aux cours, je n'ai même pas eu le droit de passer l'examen à la fin de l'année scolaire. De toute façon, je n'aurais pas pu me présenter car, un week-end de printemps, alors que j'étais rentré à Alès, j'ai eu une crise de tétanie due à mon alcoolisme. On m'a transporté d'urgence à l'hôpital où je suis resté trois jours, et les médecins ont exigé que je cesse de boire et que je me mette un peu au vert.

Sidérés et furieux, mes parents ont décidé de m'envoyer camper au Chambon-sur-Lignon. J'avais vingt ans et je n'étais pas retourné au Chambon depuis cinq ans au moins. À l'époque, mon ami Bernard Lamouroux vivait avec Isabelle, sa future femme, qui était en fac à Aix-en-Provence ; je passais souvent les voir avant de monter sur Grenoble. Sachant que je devais redoubler ma première année de droit, j'ai décidé de quitter Grenoble et de m'installer à Aix pour éviter la bande d'assoiffés avec lesquels j'avais fait les quatre cents coups. Très inquiets à mon sujet, mes parents avaient également insisté pour que je change de ville. Je pensais aussi que l'isolement m'inciterait à travailler, et j'ai loué une chambre chez une vieille dame. Mais, de nouveau, je n'ai pratiquement pas mis les pieds sur le campus car un autre plaisir m'a détourné de mes études : les cartes. Avec un ami néo-calédonien joueur de bridge, je passais trois ou quatre nuits par semaine à bridger. Nous jouions chez lui, chez des amis, nous organisions des tournois. Cela a duré un an, et, à la fin de l'année, j'ai encore échoué lamentablement.

J'avoue humblement que les études ne m'intéressaient pas. Je vivais en parfait dilettante, serein et dans la complète insouciance de mes vingt ans.

À vingt et un ans, je n'avais aucun diplôme et mes parents commençaient à se demander ce qu'ils allaient faire de moi. J'avais toujours cette vague idée de « travailler dans le sport », sans que rien ne se précise véritablement. Après deux ans d'études bâclées, je suis rentré à Alès, honteux. Mon père, qui voulait que je « fasse quelque chose de ma vie », m'a rudement sermonné. Je me suis alors dit que, avant de commencer quoi que ce soit sérieusement, il valait mieux mettre fin à mon sursis militaire et en profiter pour faire l'armée tout de suite.

J'habitais toujours chez mes parents, dans une chambre indépendante de la propriété. J'étais blanchi, nourri, logé... un vrai coq en pâte. En attendant le début du service militaire, prévu pour décembre 1970, et parce que je tournais en rond à Alès, je me suis mis à jouer au poker. J'avais appris ce jeu au sous-sol du Bar du lycée mais c'est à ce moment-là que j'ai vraiment commencé à jouer assidûment, sans doute par désœuvrement. Des « personnages » d'Alès m'ont admis à leur table, dont un tailleur d'origine hongroise, un riche commerçant, un assureur, d'autres encore...

J'ai toujours joué au poker fermé, classique, traditionnel. Le plaisir de ce jeu, c'est l'adrénaline, le bluff. Pour moi, la table idéale est composée de six joueurs, et j'attends que les caractères de chacun se dévoilent peu à peu. J'aime les longues parties, où les joueurs tiennent sur les nerfs, ce qui permet aux plus solides de se dégager. Au cours du jeu, la personnalité de chacun se dévoile selon sa façon de jouer. Au poker comme dans la vie, je suis d'une incroyable patience, voire impassible. J'attends d'avoir du jeu, sans le montrer. Je suis capable de bluffer beaucoup, notamment dans les deux ou trois premières heures de la partie. Si, à un moment, on est pris en train de bluffer, on désarme l'adversaire qui pense qu'on bluffe systématiquement et qu'on est un joueur léger ; du coup, il fait moins attention. Lorsqu'on a vraiment du jeu, on joue alors comme si on bluffait mais on mise un peu plus, et on ramasse davantage. Jouer au poker, c'est être à l'affût du jeu, des réactions de l'adversaire et de l'évolution de la chance autour de la table. Car la chance tourne. Je suis un joueur de poker solide, capable de prendre des risques.

De plus, je me suis perfectionné au fil du temps, notamment à l'armée où j'ai gagné pas mal d'argent. Nous jouions entre soldats, mais parfois, autour de la table, il y avait des sous-officiers. Avoir observé les joueurs de bridge pendant des années m'a beaucoup aidé, même si ces jeux sont totalement différents. Le vrai plaisir du bridge, c'est de jouer sans argent, alors que c'est le contraire au poker. Celui-ci perd de son intérêt s'il n'y a pas d'argent en jeu, car c'est un jeu simple et dépouillé. Tout le charme du poker tient dans le cœur qui se met à battre un peu plus vite, dans l'argent qu'on engage sur le tapis sans savoir si on va le garder, le perdre, ou pouvoir en gagner plus.

L'engouement actuel pour le poker, qui fait même l'objet de retransmissions télévisées, ne m'étonne guère. Mais c'est un poker dit américain, que je n'aime pas pratiquer car certaines cartes sont découvertes, et il y a moins de psychologie et de suspense que dans le poker fermé. Au poker classique, le jeu est plus varié, le bluff plus complexe, les rebondissements tout au long de la partie sont nombreux, et les rencontres, différentes. Dans la touffeur de la nuit, on sait qu'il peut y avoir parfois de vraies « rencontres » entre deux gros jeux, deux personnalités. Ça fait mal, ça fait des dégâts, mais quel plaisir !

Au jeu, chacun a ses tics et ses habitudes. Moi, j'aime le silence autour de la table. J'ai une carte fétiche : le dix. Si j'ai deux dix ou si j'attends un dix, je me sens bien dans mon jeu, cela me rassure. Le vieux tailleur hongrois d'Alès, qui fumait des gitanes maïs à la chaîne, aimait les dames dans son jeu. Il les aimait aux cartes autant que, dans la vie, il semblait détester sa femme, dont il ne cessait de nous parler. Je le revois encore, l'air triomphant, abattant trois dames sur la table !

Le poker m'a permis de m'endurcir, de m'aguerrir. J'ai pratiquement joué au poker tous les soirs, avant, pendant et après l'armée. J'ai même, un temps, vécu de mes gains.

À Montpellier, lors d'une grosse partie chez un particulier, j'ai vu un joueur perdre l'équivalent en argent de sa maison de campagne, peut-être 300 000 francs de l'époque. Parce qu'il n'avait pas les moyens de payer, il s'est rendu, au petit matin, avec le gagnant chez son notaire pour signer l'acte de don. Car la dette de jeu doit être honorée immédiatement. Il m'est aussi arrivé de perdre, et je dois dire que, si j'avais dix créanciers différents, la première dette dont je m'acquitterais serait celle du jeu, car c'est une dette d'honneur.

Vers 5 ou 6 heures du matin, après avoir fumé, bu et joué toute la nuit, on est énervé et irritable, et le jeu devient très dur. Puis, les comptes faits, chacun s'en va, regarde (ou pas) le jour se lever, va acheter son croissant chez le boulanger et passe au café pour déguster un petit noir. C'est le moment d'aller se coucher, mais on ne parvient pas à s'endormir tellement on est excité. Alors, forcément, on refait la nuit de jeu dans sa tête. Pendant deux ou trois heures, on se remémore tous les coups, on se reproche de ne pas avoir été assez attentif, ou, au contraire, on est heureux de ce que l'on a fait. Cela aussi est un immense plaisir.

Si j'ai tant joué, c'est sans doute pour ne pas me rendre compte que je ne faisais rien d'autre. Très paresseux, je dois le reconnaître, j'étais à la recherche de moi-même, et peut-être me demandais-je vaguement jusqu'où je serais capable d'aller.

*

J'ai finalement été incorporé en décembre 1970. J'avais demandé les chasseurs alpins, je me suis retrouvé dans une caserne flambant neuve du 9e hussards à Sourdun, à quelques kilomètres de Provins, en Seine-et-Marne, entre forêts et champs de blé à perte de vue. J'ai d'abord fait mes classes dans l'ancienne caserne à Provins. Notre adjudant était assez rude, il aimait nous faire longuement crapahuter, et il s'évertuait à nous réveiller, la nuit, en simulant une attaque. Parfois, il entrait subrepticement dans notre chambrée, un long couteau à la main, désireux de nous prouver que, si cela se produisait réellement, nous ne saurions pas comment nous défendre... C'était un obsédé de la discipline !

Puis, j'ai été affecté dans un peloton servant à ravitailler le régiment. Après avoir réussi mon permis poids lourd, j'ai passé mon temps au volant de semi-remorques militaires pour aller chercher des marchandises à droite et à gauche. Quand je ne partais pas en permission, j'accompagnais les soldats à la gare de Provins en car, voire en camion à benne dans lequel on avait installé des ridelles.

Je me suis fait beaucoup d'amis dans ce peloton où nous n'étions que trois ou quatre à avoir un peu d'instruction. Notre maréchal des logis-chef, qui écrivait très mal le français, m'avait pris sous son aile et me convoquait à loisir dans son bureau en disant : « Bourdin, aidez-moi, j'ai une lettre administrative à faire ! » Je devais le saluer et lui répondre : « Oui, chef ! », ce qui m'énervait passablement, car j'ai horreur de la discipline. En fait de l'aider, je rédigeais la lettre à sa place. J'ai aussi été désigné comme chef de chambrée, ce qui me permettait de ne plus m'acquitter des corvées diverses et variées. De plus, j'étais en pleine forme physique : je ne buvais plus du tout, l'armée m'a complètement sevré.

Je suis devenu première classe, brigadier, brigadier-chef, puis maréchal des logis quinze jours avant de quitter Provins. Cela ne s'était pas produit plus tôt car j'avais négligé de coudre mes galons de brigadier-chef, ce qui n'avait pas plu du tout à ma hiérarchie. Encore un exemple de ma paresse et de mon insoumission ! Ces grades ne m'intéressaient pas. En me croisant, un jour, un capitaine du régiment m'avait demandé : « Vous êtes bien brigadier-chef, hein, Bourdin ? » « Oui, mon capitaine », lui avais-je répondu. « Et vos galons ? » avait-il interrogé. J'ai fini au trou, deux jours durant, parce qu'ils n'étaient pas cousus.

Certes, la nourriture n'était pas de première qualité, mais ma mère ne cessait de m'adresser des colis (quasiment un saucisson par semaine) et, dans ma chambrée où l'on partageait tout, ses envois étaient particulièrement appréciés !

On partait souvent en manœuvres, et on transportait le matériel dans les camions. Je suis ainsi allé à Mourmelon, au Valdahon, à La Courtine dans la Creuse. Une nuit, alors que nous rentrions en colonne jusqu'au camp, nous nous sommes arrêtés à un stop. J'étais le premier de la colonne, derrière la Jeep de tête. Elle a démarré, et je n'ai pas suivi car je m'étais endormi au volant. Mes lieutenants étaient dans une fureur épouvantable !

Comme je roulais beaucoup, je quittais sans cesse la caserne et, partout où j'arrivais, j'étais très bien reçu. On nous emmenait manger au réfectoire en dehors des heures habituelles, on nous dressait notre lit à part, tout le monde était aux petits soins. On avait interdiction de prendre les autoroutes et de s'arrêter dans les cafés, mais il m'est arrivé plusieurs fois de désobéir. Je redoutais que les gendarmes remarquent un camion militaire stationné sans raison et je planquais mon véhicule du mieux que je pouvais ! Souvent, nous partions à deux camions et nous étions complices. Grâce à ces déplacements (pendant mon service militaire, j'ai dû parcourir près de 30 000 kilomètres !), je participais de moins en moins aux activités militaires « régulières », et, pour moi qui ai toujours aimé conduire, c'était très agréable.

Je rentrais à Alès tous les quinze jours, mais, à l'époque, il n'était pas facile de traverser la France en train : il fallait aller à Provins, prendre un train jusqu'à la gare de l'Est à Paris, changer de gare et prendre un train de nuit jusqu'à Alès. Cela ne valait pas vraiment le coup de rentrer pour aussi peu de temps, mais j'étais tellement heureux d'être à la maison !

Quand nous n'avions pas de permission et qu'il fallait passer le week-end sur place, on avait le droit de sortir le samedi soir, uniquement en tenue militaire. C'était l'époque des bals de campagne dressés sous des chapiteaux, avec de longs bancs de bois entourant la piste de danse, et une buvette. On payait un droit d'entrée et on s'installait. Ces bals étaient fréquentés par de nombreuses personnes âgées, mais aussi par des filles qui, chaque fois qu'elles nous voyaient arriver en tenue, détournaient les yeux d'un air de mépris. Le prestige de l'uniforme est une vaste fumisterie, et nous en avons plutôt souffert !

De temps en temps, on s'offrait un petit restaurant, où on allait en voiture, car j'avais fini par récupérer une vieille 403 Peugeot rachetée à un cousin d'Alès.

En ouvrant le vide-poches, on tombait directement dans le moteur ! Elle était vraiment déglinguée, mais elle roulait. Lâchement, le jour de ma « libération », je l'ai abandonnée sur le parking de la caserne et j'ai jeté la carte grise. Ils ont dû l'envoyer à la casse.

À vingt-deux ans, en novembre 1971, libéré de l'armée, je n'avais toujours rien fait de ma vie et n'étais pas entré dans la vie active. Je savais jouer aux cartes et j'avais fait mon service, mais c'était tout. Je reconnais tout de même que l'armée m'avait aidé à mûrir et presque remis dans le droit chemin. J'étais heureux de l'avoir terminée, comme j'avais été heureux de la faire, car, où qu'on me mette, j'étais heureux ! La vie était belle !

Mon frère Denis, de deux ans mon cadet, n'avait aucun souci « professionnel » : il avait passé son bac sans problème, n'avait pas redoublé et poursuivait ses études en faculté. Tous mes frères et sœur ont d'ailleurs fait de bonnes études, j'étais la seule exception. Je me suis remis à jouer au poker et, dans le même temps, je cherchais du travail en épluchant les petites annonces.

Régulièrement, j'emballais des colis à Sud-Distribution, la nouvelle dénomination des Établissements Nicolas Fabre. On avait un Tube-Citroën, un camion en tôle ondulée, avec lequel je livrais les clients. Au bout de quatre mois, j'ai fini par repérer une annonce de la société d'assurances UAP qui cherchait quelqu'un pour placer des assurances vie. J'ai passé un entretien, et on m'a engagé avec la promesse de me payer essentiellement à la commission, surtout parce que je possédais ma propre voiture. J'avais acheté une Simca 1000 rallye II, orange avec des bandes noires à l'arrière, très nerveuse. Le chef de secteur de l'UAP m'a bien décrit le produit à vendre et m'a laissé tourner dans la région avec ma voiture. C'était un produit de capitalisation, comme un placement, que je recommandais à des gens démarchés au petit bonheur la chance.

Ce fut une belle école de la vie parce qu'il fallait avant tout réussir à pénétrer chez les gens. Je choisissais des immeubles et je sonnais aux portes, étage après étage ; si l'on m'ouvrait, je glissais mon pied dans le chambranle pour éviter qu'on ne me ferme la porte au nez. Je faisais alors mon plus beau sourire et je disais : « Bonjour ! Je vous propose un produit financier qui peut assurer votre avenir ! » Dans 90 % des cas, on m'envoyait balader, mais, parfois, on m'ouvrait franchement la porte et je prenais rendez-vous. À la signature du contrat, j'étais chargé d'encaisser le premier versement. C'étaient de petites sommes.

Je détestais ce métier. Un jour, en Lozère, je me suis présenté chez un couple de paysans qui avait un enfant handicapé. Nous étions assis autour de la table de la cuisine, et leur garçon était dans une chaise roulante, pas loin de nous. Il devait avoir mon âge, moins de vingt-cinq ans. J'ai commencé par vouloir les convaincre qu'il leur fallait absolument ce produit pour assurer l'avenir de leur fils. Au bout d'une heure de discussion, j'avais décroché le contrat minimum. Ils m'avaient payé en liquide, un billet de cinquante francs. Après les avoir quittés, en remontant dans ma voiture, j'étais dégoûté. Je me suis dit : « Tu n'as pas honte ! Tu t'es servi de l'infirmité du fils pour vendre quelque chose... » Ce placement n'était en rien une escroquerie, il était assuré par une grande compagnie, mais j'ai préféré arrêter immédiatement ce travail. Voilà pour mon premier « vrai » job.

Je suis retourné dans l'entreprise de mon père parce que je n'avais rien d'autre à faire : j'ai continué à empaqueter les colis et à les livrer. Manifestement, mon père ne voulait pas me confier plus de responsabilités. Je conservais mon insouciance, mais je commençais tout de même à m'interroger sur mon avenir.

Dans le même temps, je cherchais du travail. J'ai fini par répondre à une petite annonce du catalogue allemand de vente par correspondance Quelle, dont la maison mère, en France, était à Saran, non loin d'Orléans. La société Quelle recherchait des inspecteurs commerciaux. J'ai passé un entretien à Marseille, siège du directeur de région, et on m'a confié la responsabilité de trois départements.

Dans de nombreuses bourgades, Quelle avait des correspondantes, des femmes chargées de montrer le catalogue à leurs amies et relations. Certaines tenaient des commerces, recueillaient les commandes, les expédiaient au siège, puis recevaient et livraient les produits moyennant un petit pourcentage. C'était de la vente par correspondance classique, l'ancêtre du e-commerce d'aujourd'hui, où tout est virtuel. Ces femmes se réunissaient autour du catalogue entre copines, entre voisines, pour choisir ce qu'elles achèteraient, par exemple, pour Noël. Parfois, je faisais irruption en pleine réunion, et on me fêtait, alors que je n'avais jamais ouvert le catalogue ! J'en avais des dizaines, parfois des centaines d'exemplaires dans le coffre de ma voiture, et je les leur distribuais. Tous les jours, j'allais rendre visite à certaines d'entre elles, je vérifiais si tout fonctionnait et si elles avaient suffisamment de commandes. Évidemment, j'avais de bonnes et de moins bonnes correspondantes. Aux plus mauvaises, je faisais comprendre qu'on trouverait quelqu'un d'autre dans le quartier ou le village. J'emmenais les « meilleures » en voiture pour saluer les gros clients. En fait, je faisais vraiment du relationnel, de l'animation d'un réseau commercial.

Je me sentais plutôt bien dans ce nouveau monde, sans être vraiment passionné, mais c'était amusant, car, au bout d'un certain temps, je devenais le confident de certaines d'entre elles. Elles étaient de tous âges et de toutes catégories sociales, et elles me racontaient leurs histoires personnelles : un fils à l'armée, la maladie d'un enfant, le mari qui boit, ou celui qui trompe... Il y avait aussi des moments de séduction et on faisait des avances au jeune célibataire que j'étais. Il m'est même arrivé quelques aventures.

Sur la route, seul au volant de mon Opel Ascona bleue au toit noir, j'écoutais la radio et principalement Radio Monte-Carlo : c'étaient les débuts de Jean-Pierre Foucault. Toute la journée, je restais branché sur RMC, je connaissais les noms de tous les présentateurs et journalistes de la station, et j'aimais la chanson française que je mettais à tue-tête. J'étais toujours gai et heureux de vivre.

Je ne m'arrêtais que dans les routiers, d'abord parce que ce n'était pas cher (le fameux « menu à douze francs »), et puis, surtout, parce que c'était bon. On reconnaissait les bonnes adresses à leur enseigne lumineuse et au nombre de camions sur le parking ! Plus il y en avait, meilleur ça devait être. Il y avait de l'ambiance, du bruit, des serveuses que tous les chauffeurs draguaient et un patron, bougon ou jovial, derrière son comptoir. C'est peut-être une image un peu désuète et stéréotypée de la France, mais j'ai vraiment aimé cette France-là. À l'époque, tout le monde fumait et le ballon de rouge était sur toutes les tables à midi. Je ne défends pas l'alcool au volant, mais c'était une autre France, une France plus insouciante et peut-être plus gaie !

Au bout d'un an et demi, j'ai fini par quitter Quelle, mais j'ai apprécié cette période car j'étais mon propre patron ; personne ne me dictait quoi que ce soit, et j'avais beaucoup de temps libre. Le soir, quand je rentrais, je jouais aux cartes, j'étais indépendant et sans contraintes.

*

Après m'avoir observé « faire mes classes » à Quelle, mon père m'a proposé de travailler comme voyageur-représentant-placier (VRP) à Sud-Distribution. C'était une suggestion de son bras droit, Raymond Accariès, l'homme le plus étonnant de fidélité que j'aie rencontré dans ma vie.

Grossiste en mercerie (fils, fermetures Éclair, boutons), bonneterie (soutiens-gorge, sous-vêtements, tricots de peau, slips, chaussettes), chaussures, laine et vêtements de travail, Sud livrait sur huit départements : le Vaucluse, les Bouches-du-Rhône, l'Hérault, la Lozère, le Gard, mais également l'Aveyron, la Haute-Loire et l'Ardèche. Les clients étaient de petits détaillants, des merceries, des bonneteries, des magasins de laine, des épiceries de village, tout un petit commerce qui a aujourd'hui disparu.

Engagé comme manutentionnaire chez Nicolas Fabre, Raymond Accariès avait grimpé les échelons pour en devenir le numéro deux. Il avait été un vendeur exceptionnel, un représentant hors pair dont la force de conviction était sans pareille. Raymond savait et aimait « faire l'article », présenter longuement le produit, ouvrir les valises au moment opportun, c'est-à-dire quand le client était vraiment « accroché ». Lorsque « Monsieur Raymond » arrivait chez un client, c'était un ami qui entrait et demandait des nouvelles de la famille. Il a été mon modèle dans ce métier que j'ai appris sur le tas, avec d'autres représentants.

Ce qui m'a immédiatement plu, c'est la route, le mouvement, l'idée de partir, d'aller rencontrer des gens et de discuter avec eux. Je réussissais, parfois, à être un bon vendeur, mais je n'étais pas terriblement consciencieux, et, finalement, je n'étais pas fait pour la vente. Mais j'ai été impressionné et admiratif, il faut bien le dire, par le bagout et l'assurance de ces représentants de commerce ! Dans ce monde, nouveau pour moi et qui a aujourd'hui disparu, les hommes étaient décomplexés et très bavards, ils semblaient avoir un avis sur tout et étaient toujours bien habillés.

Je n'étais pas responsable d'un secteur en particulier, j'allais partout et démarchais de nouveaux clients. Mon père ne m'avait pas vraiment fait de cadeau, et il avait raison. C'est ainsi que j'ai essentiellement sillonné l'Ardèche, la Lozère et l'Hérault. Ce fut un grand honneur que d'empoigner les valises, éléments essentiels de ce métier. Imposantes, elles rentraient tout juste dans mon coffre, et parfois j'en mettais même une sur le siège arrière. J'en avais quatre ou cinq, en cuir clouté, rectangulaires et très longues, qui s'ouvraient en deux. D'un côté, on trouvait des échantillons de pantoufles, (la pantoufle du Dr Jéva, la pantoufle Semelflex) dont je me rappelle la marque, et, de l'autre, des échantillons de chaussures, Palladium et Pataugas, qui sont revenues plus tard à la mode, ainsi que des espadrilles en ballots. Mais je vendais également des jeans de la marque Rica Lewis, pâles copies des Levi's américains !

Quand je poussais la porte d'un client qui connaissait déjà la « maison », comme on disait, tout était plus facile, et je remplaçais souvent un représentant qui avait déjà son réseau. Mais il me fallait aussi attirer de nouveaux clients, et la tâche était beaucoup plus ardue. Première règle d'or : attendre que le commerçant en ait terminé avec ses propres clients, ne lui parler que lorsqu'il est disponible pour ne pas le perturber dans son travail. Il ne sera attentif que si la discussion a lieu dans un commerce vide. Ce métier est avant tout l'éloge de la patience. Deuxième règle : ne jamais « investir » la place tel un conquérant avec ses valises. J'entrais donc les mains vides, je disais : « Bonjour madame, bonjour monsieur, je vous laisse terminer avec votre client et j'en ai pour deux minutes à tout vous montrer ! » Ensuite, présenter la maison si elle n'est pas connue, et, si elle l'est, mettre en avant les nouvelles références. Aller enfin chercher ses valises, ouvrir la première et commencer à faire l'article. Au cours de la discussion, amener, petit à petit, le client à l'achat. Ne jamais sortir son carnet de commandes, ni même le montrer au début de la conversation, le garder toujours caché. Car rédiger la commande en détail trop tôt peut effrayer le commerçant, qui réalise à ce moment précis ce qu'il est en train de dépenser. À La Grande-Motte, une toute nouvelle station balnéaire, j'avais été très fier d'avoir vendu près de deux cents jeans à un commerçant. Malheureusement, après avoir été livré, il n'a jamais payé. Mon père était furieux !

J'aimais la route et le sentiment de liberté qu'elle procure : je partais quand je voulais, je chantais si j'en avais envie, je mangeais dans les routiers, je discutais avec qui me plaisait et je dormais dans les tout petits hôtels « étape VRP ». Dans ces établissements, nous nous retrouvions entre gens du métier autour d'une table d'hôtes, servis par une jeune femme souvent accorte et cible de tous les empressements, voire des plaisanteries parfois un peu grasses de mes collègues. L'un vendait de la droguerie, l'autre de la peinture, le troisième des engrais. Chacun commentait sa journée, les clients rencontrés. Ah ! les clients ! Chacun y allait de son anecdote et, parfois, faisait partager ses récits d'amours fugitives. Il n'y avait pas de télévision dans les chambres, mais un poste commun dans la salle du bas. Après le dîner, s'il y avait un match de foot, on le regardait tous ensemble, sinon on retournait dans sa chambre. Souvent, avant de m'endormir, je prenais un livre, principalement des romans policiers, ou encore *L'Équipe*. Oui, j'ai aimé ce métier de voyageur-représentant-placier.

À vingt-cinq ans, je vivais encore chez mes parents. Je rêvais de rencontrer Jean Sadoul, président de la Ligue nationale de football, alésien comme moi. Je me disais que, peut-être, il pourrait m'aider à entrer au quotidien *L'Équipe* comme chauffeur-livreur. J'étais prêt à intégrer ce journal par n'importe quel moyen.

Je me nourrissais des grandes plumes de *L'Équipe* de l'époque : Pierre Chany, Denis Lalanne, Henri Garcia, Antoine Blondin et ses chroniques, mon vieil ami Christian Montaignac et tant d'autres qui avaient un vrai talent.

Mes parents connaissaient Jean Sadoul, et il a bien essayé de me faire rentrer à *L'Équipe*, en vain. J'ai écrit au journal mais ils n'avaient rien pour moi. Ma déception a été grande, j'ai donc continué à travailler pour mon père.

J'étais aussi un fervent supporter de Nîmes Olympique. À mon retour de l'armée, je me souviens de cette formidable saison 1971-1972 quand Nîmes a terminé deuxième du championnat, derrière l'Olympique de Marseille. Je n'ai pas oublié la composition de l'équipe d'alors : Michel Mezy, Jacques Bonnet à l'aile gauche, Jacky Vergnes en avant-centre, les deux Roumains Voiena et Pircalab, une très belle défense, et Jean-Marie Marcellin qui faisait de fugitives apparitions, un joueur techniquement exceptionnel mais un peu nonchalant.

J'ai adoré les soirées au stade Jean-Bouin, quand on garait la voiture assez loin, faute de place, et qu'il fallait marcher vite pour gagner le stade. On se précipitait, on était portés par le mouvement de la foule, on progressait dans des odeurs de frites, de merguez et de hot-dogs, on croisait des supporters avec des trompettes et des crécelles. Dans ce stade, deux mètres seulement séparaient le muret derrière lequel se trouvaient les spectateurs et la ligne du terrain !

On s'installait dans les tribunes, pratiquement toujours debout (je n'avais pas les moyens de me payer de place assise), et, quand il faisait froid, on sautait, on trépignait, on se réchauffait en discutant de la composition des équipes. D'ailleurs, on n'était pas souvent d'accord avec l'entraîneur de l'époque, le mythique Kader Firoud, un homme à la poigne de fer dont les colères étaient légendaires, un des entraîneurs les plus cotés en France et qui a le plus longtemps entraîné. On le voyait arpenter la touche en boitant car il avait eu un grave accident au genou. On racontait que pendant une mi-temps, de colère, il avait brisé d'un coup de poing la porte des vestiaires. Kader respirait le football, il ne vivait que pour cela. On achetait une bière, un sandwich, et, après le match, on le refaisait pendant des heures au café du coin.

Fabienne, ma copine de l'époque, était la nièce de Raymond Castans, le directeur des programmes de RTL. Je n'avais jamais écouté cette radio et je savais à peine qu'elle existait. Nous, dans le Sud, on écoutait Radio Monte-Carlo. En janvier 1975, j'ai eu la chance de le rencontrer au cours d'un déjeuner familial chez les parents de Fabienne. La conversation a inévitablement pris un tour sportif, et, précisément, nous avons parlé de cyclisme.

Raymond Castans soutenait que Franco Bitossi, un coureur italien surnommé le « coureur au cœur fou » – son cœur s'emballait dans l'effort –, avait été champion du monde. Ce Bitossi souffrait d'une arythmie cardiaque qui le contraignait parfois à s'arrêter au bord de la route, au summum de l'effort, pour que son cœur se calme. C'était un très bon grimpeur qui s'échappait dans les cols avant de s'arrêter et d'être rattrapé. Avec tout le respect que je devais à Raymond Castans, j'ai affirmé pendant ce déjeuner qu'il se trompait et avait confondu Bitossi avec Vittorio Adorni, un autre coureur italien. « La meilleure solution, me dit-il, c'est d'appeler mon service des sports à RTL, et on sera fixés. »

Il a appelé Guy Kédia, qui dirigeait le service des sports de la radio, et ce dernier m'a donné raison. Piqué au vif et sachant que mon rêve était de devenir journaliste sportif, Castans a déclaré : « Je vois que vous êtes passionné par le sport. Écoutez, si cela vous intéresse, peut-être un jour pourrai-je vous proposer un stage dans notre radio, dans ce service... » Sa proposition m'a emballé.

Les semaines et les mois ont passé, je me suis séparé de Fabienne. Un vendredi du mois de juin 1975, j'ai reçu un coup de fil de Raymond Castans : « Qu'est-ce que vous faites en ce moment ? Cela vous intéresserait toujours de venir faire un stage dans notre radio, au service des sports ? » Mon cœur s'est mis à battre très fort, et je lui ai répondu : « Mais oui, bien sûr, c'est tout ce dont je rêve. » « Eh bien, c'est simple, préparez vos affaires, il faut que vous soyez lundi matin à Paris ! »

J'avais l'impression que le sol se dérobait sous mes pieds, mais aussi qu'une aventure formidable débutait. Toujours insouciant, je ne mesurais pas à quel point cette décision serait capitale pour le reste de ma vie, car ce coup de fil a marqué le début de ma carrière.

Je n'étais allé qu'une fois ou deux à Paris. Pour me faire un petit pécule, mon père m'a conseillé de vendre immédiatement ma voiture. Durant le week-end, j'ai trouvé un acheteur pour mon Opel et l'ai vendue 8 000 francs de l'époque, une somme que j'ai touchée en liquide. Ma mère m'a préparé deux valises et, le dimanche soir, j'ai pris le train à Alès en direction de Paris. Je suis parti en ayant dans la tête les mesures de *L'Été indien*, le tube du moment de Joe Dassin. Sous l'effet de l'excitation et de l'angoisse, je n'ai pas dormi de la nuit.

II

La radio

Je suis arrivé au petit matin à Paris, gare d'Austerlitz, n'ayant aucun endroit où aller. Une seule chose était sûre : j'avais rendez-vous entre 9 et 10 heures, rue Bayard, à la rédaction de RTL.

Mes parents m'avaient conseillé de m'installer dans un petit hôtel pas cher. J'ai donc passé mes premières nuits rue Mabillon, en plein cœur du Quartier latin, car, dans l'image que je me faisais de Paris, un jeune qui « montait » à la capitale se devait d'habiter là. C'était un peu naïf, mais je l'ai fait. Ma chambre était sous les toits, avec les toilettes communes à l'étage, et coûtait 35 francs la nuit. Après avoir posé mes affaires, j'ai pris une douche et je me suis rendu rue Bayard. La célèbre façade classée de Vasarely, cette mosaïque géante représentant des cercles concentriques, comme une coquille noire avec des ondes d'acier, m'a impressionné. Au-dessus, on devinait les immenses lettres R, T et L. J'ai monté l'escalier et demandé, à la réception, Guy Kédia, le chef du service des sports.

Dans cette ville inconnue, découvrant un monde dont j'ignorais tout, j'étais assez nerveux car je sentais bien que, cette fois, c'était du sérieux. Soudain, mon insouciance s'était envolée, j'étais bien plus concentré car j'avais envie de réussir. Guy (il travaille aujourd'hui lui aussi à RMC) est descendu me chercher. Les premières minutes de notre rencontre ont été assez impersonnelles car pourquoi aurait-il été ravi qu'on lui impose un stagiaire, « protégé » de Raymond Castans ? Il me savait totalement novice en radio puisque je ne connaissais même pas le fonctionnement d'un Nagra[1].

Guy m'a conduit au bar jouxtant la rédaction. Augusto, le barman portugais, y servait de l'alcool, des cafés et des sandwichs à toute heure. J'ai commandé une eau minérale et on a commencé à discuter. « Qu'est-ce que vous savez faire ? » m'a demandé cet homme brun, svelte et très chaleureux. « Rien du tout, je ne sais rien faire », ai-je répondu très honnêtement. « Ah bon ? Alors, venez avec moi, on va voir comment on peut s'arranger... » Il est un de ceux qui

1. Célèbre marque d'appareils enregistreurs à bandes, extrêmement fiables.

m'ont appris le métier et je lui voue une reconnaissance éternelle.

L'équipe des sports était déjà constituée autour de Guy : on y trouvait Bernard Roseau, le second plus âgé de la bande, Marc Menant (aujourd'hui présentateur à Direct 8 et sur Europe 1), en poste depuis deux ans, et Roger Zabel (aujourd'hui chroniqueur pour les émissions produites et présentées par Laurent Ruquier sur France 2 et Europe 1) qui n'était là que depuis un an. J'étais le cinquième de la bande, le seul stagiaire, alors qu'ils étaient tous titulaires.

Ce matin-là, je me souviens de m'être plongé dans *L'Équipe*, que j'avais déjà lu d'ailleurs, puis nous nous sommes mis à discuter. Ils se sont rapidement rendu compte que ma culture sportive était plutôt riche, et cela les a rassurés. Ensuite, on m'a tout fait visiter. Raymond Castans m'avait prévenu : « Tu as un stage de trois mois ; si tu n'es pas bon ou si tu ne travailles pas assez, tu seras viré. » J'avais ces mots en permanence à l'esprit et ne demandais qu'à prouver mes capacités. J'arrivais rue Bayard à 8 heures du matin et n'en repartais qu'après 23 heures. Je ne sortais jamais dans Paris, d'abord parce que je n'avais pas d'argent, mais surtout parce que j'étais passionné par le monde que je découvrais.

En une semaine à peine, j'ai appris à me servir de mon Nagra – la Rolls des enregistreurs, mais un appareil assez lourd et encombrant qu'on portait en bandoulière –, à écrire des papiers, à enregistrer et à faire du montage en cabine. On m'a appris à manier le microphone, à l'avoir en main sans créer de nuisances. Il fallait avant tout faire attention à ce que ça enregistre, et aussi à ce que la bande ne se mette pas en vrille, ce qui m'est arrivé un certain nombre de fois.

J'étais arrivé vierge, sans aucune idée reçue sur ce métier, je n'étais diplômé d'aucune école et encore moins de journalisme ! Mais trois jours plus tard, Kédia m'a demandé d'écrire. Au début, il déchirait devant moi ce que je venais de peiner à produire. Je pensais ne jamais pouvoir y arriver. Il me conseillait d'écrire des phrases courtes, toujours au présent, bref, de raconter des histoires. Il me disait aussi qu'il fallait être précis car, souvent, l'auditeur sportif connaît mieux son sujet que le journaliste. Je dois dire que Kédia avait raison sur tous ces points. La radio est une école de la précision, on ne peut pas se tromper.

« C'est avant tout du récit », me répétait-il. Pour me familiariser avec ce métier, il m'avait envoyé au dernier étage du bâtiment, dans les archives de RTL, pour écouter une bande devenue mythique. Ce sera l'un de mes plus grands souvenirs radio. C'était le récit d'une catastrophe minière qui s'était produite à Aberfan, au pays de Galles. À la suite d'un glissement de terrain, un crassier (une montagne de poussière de charbon) avait enseveli une école voisine. Tous les enfants étaient morts, pétrifiés, assis à leurs tables dans les classes. Cela avait ému le monde entier.

RTL avait dépêché sur place le reporter Robert Lassus. Jean Farran, le patron de la radio, avait souhaité que, chaque fois qu'un reporter partait couvrir un événement important, il soit accompagné d'un écrivain qui apporterait une couleur et un ton différents. Ce jour-là, Lassus était avec l'écrivain Jean-Pierre Chabrol, un merveilleux conteur cévenol, qui connaissait admirablement le monde de la mine. Pendant le journal, Lassus diffusa son reportage classique de deux minutes à peine, puis donna la parole à Chabrol, pensant que son intervention durerait à peine trois minutes.

Chabrol commença à raconter le pays de Galles, la vie dans les mines, et il ne s'arrêta plus. Ses mots devenaient de plus en plus justes, et son évocation, plus puissante. Tout en restant précis sur les faits, Chabrol nous entraînait au cœur de cette tragédie... Il garda la parole pendant plus de quarante-cinq minutes, alors que tout le journal n'aurait pas dû excéder une demi-heure et que d'autres sujets devaient être abordés. Personne n'osa interrompre son improvisation, tellement son récit était bouleversant. Toute la grille des programmes fut bousculée.

Très vite, Guy Kédia m'a envoyé en reportage : le club de football du Paris-Saint-Germain, qui remontait en première division, était alors associé à RTL par un accord de sponsoring. Avant le début de la saison, le PSG partait en stage de préparation à Évian. « Va voir là-bas comment ça se passe et fais-nous des petits papiers quotidiens », me dit-il. C'était une véritable mise à l'épreuve. Je n'étais pas sûr d'y arriver, mais il fallait accepter. Une secrétaire de la radio a organisé mon voyage en train de nuit depuis Paris et m'a réservé une chambre à l'hôtel Royal, ainsi qu'une voiture de location.

Je m'attendais à tout, sauf à cela. D'abord, en montant dans le train, j'ai compris que, pour la première fois de ma vie, j'allais voyager en première classe et, à l'arrivée en gare de Thonon, je suis allé en taxi jusqu'à Évian, payé sur mes frais. Deuxième surprise : en guise d'hôtel, j'ai découvert un palace. Je me demandais vraiment ce que je faisais là ! On m'a montré ma chambre, superbe, comme je n'en avais jamais eu ni vu de ma vie. « Quel métier ! Je rêve, quelle chance tu as ! » me répétai-je, allongé sur mon lit, sitôt la porte refermée.

En fin d'après-midi, j'ai pu rencontrer l'entraîneur Just Fontaine, ancien meilleur buteur de la Coupe du monde de 1958, très grand joueur de football. Pour ma première interview radio, il m'a très bien reçu ; tout s'est bien passé, j'ai fait un prémontage pour ne garder que trois ou quatre minutes d'interview. Pour envoyer le son à Paris, il fallait se rendre dans un centre technique des PTT et se brancher sur des lignes spéciales. Rien à voir avec la facilité technologique d'aujourd'hui ! Je suis finalement resté six jours à l'hôtel Royal pour suivre l'entraînement quotidien de l'équipe, avec laquelle je suis devenu ami. En rentrant à Paris, j'étais tout de même un peu inquiet quant à la qualité de mon travail, mais Guy m'a immédiatement rassuré.

Je me disais que je vivais vraiment des moments extraordinaires : travailler pour le plaisir en vivant dans un palace comme un coq en pâte. Que demander de mieux ? Était-ce vraiment cela, le journalisme ? J'apprendrais un peu plus tard que le reportage n'est pas toujours aussi facile et, surtout, qu'il ne se fait pas toujours dans ces conditions !

Pour l'Alésien encore un peu immature que j'étais, croiser des journalistes et des grands reporters mythiques était une chance unique, ça correspondait exactement à la claque dont j'avais besoin. Je me rappelle les coups de gueule, les fous rires de l'équipe. RTL était alors en pleine reconquête de son public. J'entends encore la voix profonde de Claude Fouchier, un reporter spécialisé dans les affaires de police, et je revois Philippe Gassot, aujourd'hui notre correspondant à New York, Philippe de Pardaillan, Alain Hamon.

À l'époque, on rencontrait rarement des femmes reporters, elles étaient plutôt assistantes ou secrétaires. Mais j'ai eu la chance, alors que j'apprenais à couper les bandes dans la cabine de montage à grand renfort de ciseaux et de papier collant, de croiser Geneviève Tabouy, qui avait été une des premières journalistes françaises accréditées. Après avoir passé toute une vie à interviewer et côtoyer les grands de ce monde, elle ne faisait plus que des chroniques de politique étrangère qu'on diffusait tard le soir, personne n'osant lui avouer qu'elle avait fait son temps... Mais quel personnage ! Quelle voix !

La rédaction de RTL était ouverte et c'était une effervescence de tous les instants, les échanges étaient permanents, les idées jaillissaient, étaient débattues, puis immédiatement partagées à l'antenne. Il y avait aussi le fameux bar, et il faut reconnaître qu'on buvait beaucoup dans la rédaction ! Mais quelle créativité ! Et qu'on ne m'accuse pas d'idéaliser *a posteriori*... Car, durant toutes ces années, il a régné une ambiance hors du commun, et qui n'existe plus aujourd'hui, nulle part. C'était une atmosphère chargée d'énergie et de passion.

Le service politique était dirigé par Robert Boulay, et Jacques Paoli présentait le journal. Ce dernier semblait ne pas avoir vraiment conscience du temps, car, souvent, ses journaux dépassaient l'horaire, mais ce n'était pas grave. Il y avait aussi les journaux de Jacques Chapus, et, de temps à autre, j'avais la chance et l'immense honneur d'intervenir sur les ondes.

Peu après mon arrivée, Chapus m'avait demandé d'écrire un papier précis sur je ne sais plus quel sujet. Lorsque je suis entré dans le studio pour le lire en direct, il l'a déchiré, me forçant à improviser. J'avais des sueurs froides, mon cœur battait la chamade, mais il avait eu raison de le faire. Chapus était un présentateur gouailleur, tout auréolé de son passé de journaliste à *France-Soir*, le grand quotidien de l'époque. Il lui était difficile apparemment de présenter son journal sans avoir bu un whisky, que sa secrétaire lui apportait en studio. Il passait parfois devant nous, juste avant de prendre l'antenne, marchant à grands pas qu'il accompagnait de larges gestes tout en répétant son texte, et, à quelques mètres derrière, sa secrétaire tentait de le suivre, la bouteille à la main ! C'était presque un rite.

C'est auprès de ces reporters et présentateurs de talent que j'ai appris le métier. À cette époque, Jean-Marie Cavada et Léon Zitrone officiaient surtout le matin. Je me levais très tôt (déjà !) et leur préparais des brèves de sport. Je dois dire que Léon Zitrone n'était pas vraiment aimé de ses confrères, il n'était pas très sympathique, ni aimable avec nous, les jeunes, et il ne nous adressait jamais la parole en dehors du travail. Tous les matins, il mangeait son croissant en le trempant dans son café ; il se tachait, mais cela ne semblait pas l'importuner.

C'était un homme étrange. Un matin, j'ai quitté la radio en même temps que lui. J'ai assisté à une scène étonnante : grand et gros comme il était, il avait du mal à se glisser dans sa toute petite Austin, toujours garée devant l'entrée de la station. Il était en train de se contorsionner pour y parvenir quand il a été alpagué par une auditrice qui passait sur le trottoir à ce moment-là. La femme s'est approchée et a dit : « Monsieur Zitrone, monsieur Zitrone ! » Il a fait semblant de ne pas la voir, a essayé de fermer la porte de son Austin et, sans même se retourner ni la gratifier d'un regard, lui a répondu de sa voix tonitruante : « Madame, je vous interdis de me reconnaître ! », puis il a démarré. C'était Zitrone tout craché.

Dans la même veine, une autre anecdote, qui en dit long sur le personnage, m'a été rapportée par Bernard Giroux lui-même (il est décédé plus tard au cours d'une course de bateaux). Giroux couvrait alors le Tour de France pour TF1 avec Léon Zitrone. Ils étaient tous les deux debout, le torse et la tête dépassant du toit ouvrant d'une des voitures du Tour, dans la montée de L'Alpe d'Huez, pour suivre un coureur, quand, des deux côtés de la route, des spectateurs se sont mis à crier. Zitrone étant très connu, on entendait sans cesse son nom. Mais, tout à coup, quelqu'un a scandé « Gi-roux ! Gi-roux ! Gi-roux ! » D'un air très sérieux, presque offensé, Zitrone s'est tourné vers Bernard Giroux et lui a glissé : « Je ne savais pas que vous aviez de la famille dans le coin... »

J'ai eu la chance aussi de me rendre chez Zitrone et d'avoir accès à l'envers du décor, c'est-à-dire de voir comment travaillait ce spécialiste mondial des têtes couronnées, des enterrements et des mariages fameux. Une pièce entière de son appartement était dédiée au classement et à la conservation de ses fameuses fiches, qu'il confectionnait lui-même. Zitrone était toujours d'une extrême précision : en l'écoutant, on apprenait ainsi qui se tenait debout au cinquième rang, à côté de qui et ce qu'il représentait. Malgré sa personnalité difficile, c'était un grand professionnel.

Jean-Marie Cavada était d'un accès beaucoup plus facile, et nous étions beaucoup plus proches. D'abord, parce qu'il était plus jeune que Zitrone, et surtout parce qu'il aimait le sport. Travailler avec lui était un vrai plaisir, d'autant qu'il riait beaucoup des farces et des blagues concoctées par Roger Zabel. Ce dernier faisait se tordre de rire la rédaction entière. Je me souviens d'un samedi après-midi où l'on a ri comme jamais : Roger avait imaginé une fausse course cycliste dans le but de piéger Philippe Labro qui, durant le week-end, apportait son « commentaire de l'actualité » après chaque flash. Zabel avait inventé de toutes pièces la Ronde béarnaise, et on a fait croire à Philippe que cette course existait et se déroulait en direct ce samedi après-midi-là.

Pour que les auditeurs pensent que Zabel était véritablement en direct, nous avions mis au point des bruitages et nous nous étions installés dans un studio voisin de celui de Philippe, que j'avais convaincu, en préparant le flash, de prendre Zabel au téléphone en direct. Il m'avait demandé quelle était cette course, je lui avais expliqué son importance. Au flash de 14 heures, Labro lance Zabel, qui prend l'antenne : « Bonjour, c'est Roger Zabel, nous sommes en direct de la Béarnaise, les coureurs ont déjà fait cent quatre-vingt-trois kilomètres, il en reste quarante-deux. En tête, Rodrigo Gonzales, un Espagnol, avec deux minutes trente d'avance sur le peloton ; je suis d'ailleurs juste derrière lui, mais... que se passe-t-il ? C'est horrible, un passage à niveau est en train de se fermer juste devant son vélo, Rodrigo Gonzales se voit obligé de mettre pied à terre... et, d'ailleurs, j'aperçois le train qui arrive... » Là, on entendait le bruit du train, un bruitage savamment préparé. Labro écarquillait les yeux, on riait déjà tous beaucoup, sans rien dévoiler.

Pour le flash suivant, ce fut la même chose, je convainquis Labro de reprendre Zabel en direct, sous prétexte que l'arrivée de la course était imminente. Zabel reprit : « Rodrigo Gonzales a été absorbé par le peloton, mais l'Italien Michele Bellavista vient de s'échapper, il a maintenant quarante-cinq secondes d'avance sur les autres coureurs ; je suis à côté de lui, peut-être va-t-il réussir à conserver son avance même si le peloton risque de fondre sur lui dans les derniers kilomètres ? Mais je le vois se retourner, que se passe-t-il ? J'ai l'impression qu'il est victime d'un incident mécanique... Effectivement, je me rapproche, sa roue arrière a l'air bizarre... On dirait que des rayons sont en train de s'en détacher, d'ailleurs j'entends le cliquetis provoqué par l'incident... » Là aussi, bruitage des rayons qui tombaient sur la route. Labro, les yeux de plus en plus écarquillés, se demandait vraiment ce qui se passait, sans rien laisser paraître. En terminant le flash, il promit tout de même aux auditeurs de leur donner le résultat de la Ronde béarnaise dès qu'elle serait achevée.

Finalement, Roger est sorti du studio et a avoué sa blague. Philippe Labro, qui était un grand professionnel de la radio, riait jaune ; il l'a tout juste bien pris.

La rédaction était écroulée de rire, on ne cessait de réécouter cette bande, un très bon souvenir, d'autant que ce genre d'auto-canular serait impossible à réitérer aujourd'hui.

Véritable boute-en-train, Roger Zabel ne cessait d'orchestrer ce genre de bêtises. Lorsque nous étions en reportage sur une soirée foot, pour faire enrager Guy Kédia, nous faisions exprès, lui et moi, à chaque prise d'antenne, de ponctuer notre commentaire de tous les poncifs et lieux communs les plus stéréotypés du journalisme sportif. Exactement ce que Guy nous interdisait. Roger était souvent à Lyon et moi, à Bastia. Dès que Zabel avait la parole, il en rajoutait sur « la verte pelouse de Gerland », « les petits lutins lyonnais » (les deux attaquants connus de l'équipe étaient petits), « la ligne blanche » ou « les bois ». Moi, de Bastia, j'enchaînais en parlant des « insulaires » et de « l'homme en noir ». On imaginait Guy Kédia en train de fulminer derrière son micro, dans son studio à Paris, chaque fois qu'il nous donnait la parole. Il en a beaucoup ri.

*

J'ai passé sept années formidables au service des sports de RTL. À l'époque, personne ne m'aurait prédit une aussi longue carrière radiophonique, tout comme on ne faisait pas grand cas de ma voix, d'ailleurs, moins grave et moins affirmée qu'aujourd'hui. Si on ne se faisait pas vraiment des compliments, l'atmosphère, en revanche, était plus conviviale : après l'émission, l'équipe du matin se retrouvait pour déjeuner avec les secrétaires, les monteurs et les techniciens, soit en face Chez Savy, un restaurant auvergnat, ou Chez Léon, ou Chez Pépita.

Tout l'argent que je gagnais passait dans les restaurants et à boire des pots avec les collègues. Après mon séjour à l'hôtel, je me suis installé dans une chambre de bonne de huit mètres carrés, avec un petit lavabo dans un coin, qui appartenait à Raymond Castans. Je n'y étais que pour dormir. Puis j'ai fini par louer un studio de vingt-cinq mètres carrés, rue Championnet, dans le 18e arrondissement. Je l'ai un temps partagé avec Xavier-Martin Vignerte, un de mes trois plus vieux amis d'Alès. Xavier était monté à Paris pour faire une école de police. Jeune diplômé, il avait été nommé dans la capitale. Tous les soirs, en rentrant, il déposait son arme de service sur la table, et nous nous amusions à la démonter et remonter cent fois.

Nous vivions une vraie vie de bohème, sans meubles, et dans notre pièce unique il y avait, à droite, un tas de linge sale et, à gauche, un tas de linge propre. On allait faire nos lessives au LavoMatic du coin. J'avais acheté un vieux coupé Alfa Romeo rouge mais il n'a tenu que trois semaines : je l'avais garé un jour rue Championnet et, alors que je m'éloignais tranquillement à pied, j'ai entendu des cris et une forte explosion : ma voiture était en train de flamber sur le trottoir, sans doute à cause d'un court-circuit.

C'est rue Championnet, en 1976, que j'ai reçu la lettre de RTL m'annonçant que j'avais été engagé. C'était ma première véritable embauche et j'étais heureux car j'avais trouvé ma voie. Je m'y attendais plus ou moins car on avait déjà prolongé à deux reprises mon stage de trois mois, et je savais qu'on était assez content de moi. Quand j'ai touché mon premier salaire, 1 200 francs à l'époque, j'étais fou de joie, mon rêve s'était réalisé. Je ne voyais pas plus loin que ce que j'avais, je n'avais pas d'ambition particulière, je faisais ce que j'aimais et j'essayais de le faire correctement. Cette année-là, j'ai couvert le Tour de France pour la première fois. J'en ferais six au total pour RTL. Puis, je me suis spécialisé dans le rugby ; Kédia s'était dit que mon accent du Sud (que j'ai perdu) conviendrait pour commenter ce sport et il me pensait grand spécialiste du ballon ovale, alors qu'Alès était plutôt un pays de football.

J'ai adoré le rugby : j'étais l'homme du Tournoi des cinq nations (avant que l'Italie ne soit incluse et que cela ne devienne le Tournoi des six nations), la voix de RTL pour le rugby, même si on ne retransmettait pas les matchs dans leur intégralité, on diffusait de larges extraits. Le rugby en tant que sport radiophonique avait été popularisé par Roger Couderc. Je travaillais en binôme avec un grand journaliste de *L'Équipe*, Henri Garcia, qui était notre consultant pour le ballon ovale. Il y avait également André Boniface, ancien grand trois-quarts centre de l'équipe de France.

Mon premier reportage de rugby pour un Tournoi des cinq nations m'a conduit à Cardiff, au pays de Galles, dans le mythique stade d'Arms Park aux 60 000 places.

Lorsque j'ai pénétré dans la tribune de presse, je me suis assis entre André Boniface et Walter Spanghero, ancien capitaine de l'équipe de France de rugby, à la stature impressionnante et aux mains énormes. Dès le début du match, les chœurs se sont mis à résonner dans le stade ; j'étais tellement ému que j'ai eu les larmes aux yeux. Walter l'a remarqué et m'a assené un grand coup dans le dos en disant : « Petit, moi aussi, la première fois que je suis entré à l'Arms Park, j'ai pleuré ! » C'était un moment inoubliable.

Les supporters gallois ont en effet une particularité : ils chantent à tue-tête tout au long du match ; jamais je n'avais vécu une telle ambiance dans un stade, une telle communion entre une équipe et son public. Plus le match avançait, plus les chœurs masculins redoublaient d'intensité, pour pousser leur équipe vers le but adverse ou pour repousser les assauts des adversaires. Vainqueurs ou battus, les supporters gallois, revêtus du maillot rouge frappé du poireau, chantaient une pinte de bière à la main.

La grande différence avec le foot, c'est que le rugby est un sport où l'on se respecte, où il n'est pas besoin de barrières entre le spectateur et la pelouse, car il n'y a pratiquement jamais de bagarres dans les stades. Les rixes ont lieu avant ou après la compétition, dans les pubs, entre supporters. Elles sont violentes, mais se terminent toujours une bière à la main. Je ne sais plus qui a dit : « Le football est un sport de gentlemen pratiqué par des voyous, alors que le rugby est un sport de voyous pratiqué par des gentlemen », c'est tellement vrai...

J'ai aimé ces moments dans les stades, et les troisièmes mi-temps. J'étais très ami avec Jacques Fouroux, décédé depuis, et Jean-Pierre Rives, le mythique capitaine du XV de France, surnommé « Casque d'or ». À l'époque, les journalistes étaient au contact des joueurs, et, après les réceptions officielles, ils allaient boire des pots dans les pubs. C'est ainsi que, un jour, dans un pub de Cardiff, Armand Vaquerin, un joueur de Béziers aujourd'hui décédé, une vraie force de la nature, avait tenu tête à dix supporters gallois en brandissant son tabouret et en le faisant tournoyer. Tout Gallois à proximité en prenait un coup sur la tronche. Ça volait de tous les côtés, l'atmosphère était enfumée, les bières coulaient à flot, tout le monde hurlait.

Aujourd'hui, c'est fini, les sportifs sont ultra-protégés et obligés de rester dans leur hôtel sécurisé.

Les quatre stades mythiques de ce tournoi étaient l'Arms Park à Cardiff, au pays de Galles, Murrayfield à Édimbourg, en Écosse, Landsdowne Road à Dublin, en Irlande, où j'adorais aller, et Twickenham, dans la banlieue de Londres. En Écosse, comment oublier les vieux hôtels de l'époque victorienne, aux chambres immenses et vieillottes, avec leurs vastes salles de bains aux baignoires en fonte, sur des pieds ! À Dublin, une voie ferroviaire passait à proximité du stade et, quand un train circulait pendant un match, le conducteur de la locomotive actionnait le sifflet en guise de clin d'œil. Twickenham était un lieu où, traditionnellement, les grands aristocrates britanniques venaient pique-niquer avant le match. Sur le parking du stade, n'étaient garées que des Rolls, des Bentley et des Jaguar. On pouvait voir les vieilles familles sortir leur nécessaire à pique-nique : sur les nappes damassées, on disposait des verres en cristal, des flûtes à champagne, et on dégustait du foie gras et des petits-fours en servant le thé. Certaines venaient même avec leur majordome qui, s'il se mettait à pleuvoir (et il pleuvait beaucoup), ouvrait un grand parapluie pour que les caprices de la météo ne les empêchent pas de profiter du repas.

Je n'ai couvert qu'une seule olympiade dans son intégralité : les Jeux olympiques d'été en 1980, à Moscou, alors capitale de la défunte URSS. Guy Kédia et moi sommes partis vivre quarante-cinq jours à Moscou, Brejnev étant premier secrétaire du Parti. N'étant que deux, nous avons eu un boulot monstre. Nous étions logés dans un nouvel hôtel, le Cosmos, construit à l'occasion des Jeux par une entreprise française. Je l'ai revu récemment, lorsque je suis allé rendre visite à Anne, ma seconde femme, qui a passé dix ans comme correspondante de presse à Moscou. Vingt-cinq ans plus tard, l'établissement, qui a plutôt mal vieilli, abrite des machines à sous dans le hall, un casino au premier étage et des boutiques de luxe.

À l'époque, l'hôtel avait été entièrement réquisitionné pour accueillir les journalistes du monde entier, parqués dans cette résidence afin d'être mieux contrôlés par les autorités soviétiques. Rien que pour y pénétrer, il fallait passer un premier sas policier, ouvrir ses bagages, se rendre à la réception, décliner son identité et recevoir un bon pour l'étage où l'on était domicilié, bref, montrer patte blanche. À l'étage en question, on remettait le bon à la gardienne d'étage qui vous donnait en échange la clé de votre chambre. Un garde armé vous y accompagnait alors et ne tournait les talons que lorsque vous étiez entré. Pour ces Jeux, boycottés par les Américains, le niveau de sécurité était particulièrement élevé.

Le régime soviétique étant méfiant envers les journalistes occidentaux, la possibilité de résider pendant aussi longtemps en URSS était une occasion assez rare. La radio en avait profité pour nous demander de faire quelques papiers « de société » sur ce que l'on pouvait voir. J'ai donc écrit deux ou trois articles sur les conditions de vie des Moscovites telles que j'avais pu les observer. L'un d'eux, intitulé « Monsieur Popov », ironisait sur la façon dont l'État soviétique tentait de contrôler le quotidien des citoyens. Je racontais que, par peur, certains Moscovites évitaient de passer trop près de l'immense bâtisse du KGB, en plein cœur de la capitale, et je décrivais les vieilles babouchkas, le fichu noué sous le menton, nettoyant la chaussée par tous les temps. Pour recueillir ces informations, je n'avais pas hésité à aller me promener seul dans Moscou. Résultat : le quotidien *L'Humanité* m'avait épinglé à la une, affirmant que ma vision de l'Union soviétique et du communisme était caricaturale.

Vadim, notre chauffeur qui émargeait au KGB où il rapportait nos moindres faits et gestes, était très sympathique. D'origine géorgienne, Guy Kédia parlait russe, alors que je ne prononçais pas un traître mot de cette belle langue. Un de nos rares jours de repos, nous avions émis le souhait de sortir du centre de Moscou pour aller boire un pot dans un bar, même si ce genre d'endroit tel qu'on l'imagine en Occident n'existait pas à l'époque. On ne trouvait que des *stolovaya* d'État, une sorte de cantine où l'on mangeait rapidement, assis ou debout. Nous voilà partis avec le chauffeur, qui tremblait à l'idée de sortir de la capitale.

Après quelques kilomètres en dehors de Moscou, Guy repéra une *stolovaya* et demanda à Vadim de s'arrêter ; notre seul but était d'avoir un aperçu du mode de vie des Russes moyens. On lui proposa de venir avec nous, mais il refusa, arguant du fait que cela ne lui était pas autorisé : il craignait d'être vu en train de boire ou de parler avec des étrangers et d'être dénoncé. Nous y sommes allés sans lui. En 2005, avec Anne, à Kassimov, une ville de la province de Ryazan à quelque trois cents kilomètres de Moscou, j'ai retrouvé à peu près la même ambiance chaleureuse, quoiqu'un peu désuète de cette *stolovaya* des faubourgs de Moscou en 1980 !

Sur le stade olympique, le concours de saut à la perche, qui opposait notamment des Français, des Russes et des Polonais, était âprement disputé. Le stade était fermé par deux grandes portes, à chaque extrémité. C'était le début de Solidarnosc, le grand mouvement de contestation sociale en Pologne, mené par Lech Walesa. Chaque fois que l'athlète polonais sautait, des préposés du stade ouvraient en grand les portes pour faire s'engouffrer le vent et déséquilibrer le sauteur. On ne pouvait pas ne pas s'en rendre compte, et le monde entier s'en est aperçu.

Malgré cette « ruse », le Polonais Wladislaw Kozakiewicz est devenu champion olympique devant Konstantin Volkov, le Soviétique. Après le saut à 5,78 mètres, qui l'a sacré champion olympique, alors qu'il était encore sur le sautoir, Kozakiewicz, en se relevant, a fait un bras d'honneur au stade tout entier, un geste de la même nature que le poing levé sur le podium des coureurs américains, Tommie Smith et John Carlos, à Mexico en 1968, pour défendre la cause des Noirs américains[1]. Douze ans plus tard, même

1. Le 17 octobre 1968, à la remise des médailles, devant un public ébahi, les deux athlètes, arrivés premier et troisième du 200 mètres, ont protesté contre la ségrégation raciale aux États-Unis en baissant la tête et en levant leur poing ganté de noir pendant l'hymne américain, geste symbolique et signe de leur soutien au mouvement politique noir-américain des Black Panthers.

si les Soviétiques contrôlaient les images télévisées et que ce bras d'honneur n'a pas tout de suite été montré, les commentateurs radio que nous étions l'ont raconté.

À mon retour de Moscou, dans un train pour l'Auvergne, une passagère d'un certain âge assise à côté de moi commença à me faire l'éloge du communisme et de l'URSS. Je lui ai rétorqué que, d'après ce que j'en avais vu, la population soviétique souffrait beaucoup. Membre du parti communiste français, comme elle me l'a avoué, elle a eu bien du mal à me croire.

Pour le Tour de France, j'avais différents équipiers, comme Guy Kédia, Roger Zabel ou encore Marc Menant. Roger et moi sortions beaucoup, on se couchait très tard et on se levait très tôt, car on résidait toujours loin des départs d'étape. Guy Kédia pestait, car il était parfois obligé d'assurer à notre place les flashes du matin. Roger montait sur une moto et je dormais dans la voiture, ou le contraire.

On commentait en direct sur nos motos, c'était impressionnant. La condition était de faire une confiance absolue au pilote. C'était dangereux, d'abord à cause du monde au bord de la route, mais aussi parce qu'il fallait laisser la place à toutes les autres motos de presse des stations de radio et des chaînes de télévision, aux voitures suiveuses et, surtout, au peloton ! Dans les descentes de col, les coureurs cyclistes vont à une allure vertigineuse. Quand la route est sinueuse et pour peu qu'il ait plu, ils sont impossibles à suivre avec une voiture.

C'était avant l'arrivée des micro-casques qui nous ont facilité la tâche, il faut bien le reconnaître. Il fallait raconter la course de manière claire et précise, tout en étant dans l'improvisation permanente, on n'avait pas le temps de prendre des notes ! On s'accrochait d'une main à la moto, de l'autre, on tenait son micro, et parfois ça relevait de l'acrobatie !

En 1978, en montagne, j'ai été témoin d'une défaillance inouïe du Belge Eddy Merckx dans le col de la Madeleine, l'un des principaux cols des Alpes. J'étais à moto, à sa hauteur, et c'était terrible d'être à côté de quelqu'un qui souffrait tant en plein effort, jusqu'à zigzaguer sur le bitume, ce qui lui faisait perdre de précieuses secondes. Il a fini par franchir le col et s'est repris dans la descente. Dans la montée de L'Alpe d'Huez, ce grand champion qu'était Merckx avait presque rattrapé son retard.

J'ai eu aussi la chance de croiser Antoine Blondin, auteur de célèbres chroniques que je dévorais, jeune garçon, dans *L'Équipe*, et écrivain célèbre. Blondin était fou de cyclisme et rédigeait ses chroniques pour

L'Équipe, coorganisateur du Tour, mais il buvait beaucoup et, parfois, il n'était pas facile d'obtenir ses papiers. Bien qu'il ait dû rédiger une chronique quotidiennement, on ne savait pas toujours où le trouver et, surtout, dans quel état il serait. Au soir de l'étape, il avait pour habitude de dîner avec la direction du Tour. Félix Levitan dirigeait alors l'épreuve[1], et sa fille s'occupait de l'intendance. La petite histoire raconte – et le mot est tellement beau que je voudrais le faire partager – qu'un soir d'étape à Biarritz, alors que Blondin et les autres dînaient dans le meilleur établissement de la ville, on a servi du pintadeau. Le lendemain, à Bordeaux, par coïncidence, il y avait aussi du pintadeau. Lorsqu'il l'a vu arriver, Blondin aurait lancé : « Eh bien, si ce pintadeau-là doit nous suivre jusqu'à Paris, autant lui mettre un dossard ! » L'assemblée s'était esclaffée.

Blondin, c'était une succession de bons mots. Un matin, alors qu'il avait dû passer une nuit difficile, il n'était pas au départ de l'étape. Lévitan partit le chercher dans sa chambre et le découvrit, allongé par terre, cuvant. Dans son ivresse, le chroniqueur avait

1. Félix Lévitan, ancien journaliste sportif, est mort le 18 février 2007. Il avait été le directeur de la Société du Tour de France de 1962 à 1987.

même bu l'encre de son encrier qu'il avait ensuite vomie. Levitan lui dit : « Antoine, mais te rends-tu compte de ce que tu as fait ? » Encore groggy, Blondin leva la tête, ouvrit un œil et rétorqua : « Mais comment crois-tu qu'il faut faire pour pisser de la copie ? »

Un talent comme celui de Blondin manque aujourd'hui. Sans doute parce que l'époque où les écrivains s'intéressaient au journalisme sportif, et notamment au Tour de France, est révolue. Aujourd'hui, les journaux pensent que cet exercice n'intéresserait plus personne, ils ont tort. Mais, pour être à la hauteur, il faut avoir une verve exceptionnelle et aimer profondément le sport.

J'aimerais aussi faire partager quelques autres moments marquants de mes années de journalisme sportif, comme l'aventure de l'équipe de football de Saint-Étienne, avec, en 1976, la finale de la Coupe d'Europe face au Bayern de Munich, à Glasgow. C'est à Saint-Étienne que j'ai commenté mes premiers matchs de football en direct. Je n'étais pas à Glasgow mais envoyé spécial à Saint-Étienne pour raconter comment, les jours précédant le match, la cité avait été transformée en quartier général de l'équipe des Verts. La ville entière était devenue « verte » : j'ai vu des chiens teints en vert, des trottoirs peints en vert, je me souviens même d'une pâtisserie qui ne vendait plus que des gâteaux de couleur verte. Dans tous les commerces, le vert était à l'honneur. Il m'avait fallu plusieurs reportages pour relater la force de cet engouement.

Les soirées de Coupe d'Europe étaient des prétextes à des fêtes mémorables. Nous descendions toujours au Grand Hôtel et, souvent, joueurs et journalistes se retrouvaient plus tard dans une boîte de nuit. Je me souviens de Robert Herbin, la figure emblématique du club, qui était un entraîneur particulièrement difficile à interviewer pour un journaliste radio car il avait pour spécialité de répondre laconiquement à chaque question. J'étais très ami avec Jean-François Larios, qui a joué à Saint-Étienne un peu plus tard. Un soir de match de championnat, j'ai retrouvé les joueurs dans les vestiaires. J'avais soif et j'ai demandé de l'eau à Jean-François, qui m'a tendu une bouteille à laquelle ils buvaient tous, c'était un breuvage un peu opaque qui ne ressemblait pas à de l'eau. J'en ai bu, comme tout le monde. Je n'ai pas pu dormir de la nuit tellement j'étais surexcité.

Autre aventure : celle du Sporting Club de Bastia. J'ai eu l'honneur de suivre l'intégralité du parcours de Bastia jusqu'à la finale de Coupe d'Europe UEFA perdue en 1978 face au PSV-Eindhoven. Plus tard, le vieux stade de Furiani, dans la périphérie bastiaise, sera endeuillé en 1992 par l'effondrement d'une tribune[1].

Les soirs de matchs de Coupe d'Europe, nous, les journalistes, étions parqués sur les toits de la tribune, plus ou moins allongés pour tenir en équilibre, tellement on manquait de place. En cas de victoire de Bastia, et dans l'euphorie générale, on entendait résonner des coups de feu sur la place centrale. L'entraîneur, Pierre Cahuzac, était très dur et réputé à poigne. On racontait que, le jour même de la malheureuse finale-retour aux Pays-Bas, à la mi-temps, il avait eu une altercation avec son attaquant, François Felix, surnommé Fanfan Felix. On disait qu'ils en étaient venus aux mains !

La Coupe du monde de football de 1982, l'un de mes derniers grands reportages en sport, a eu lieu en Espagne. Tout le monde avait été déçu par le premier match de l'équipe de France perdu contre l'Angleterre 3 à 1. Pour préparer les deux prochaines rencontres du groupe, les joueurs, entraînés par Michel Hidalgo, s'étaient installés près de Valladolid, en pleine Castille.

---

1. Le 5 mai 1992, une tribune s'effondre au stade Armand Cesari, dans la commune de Furiani près de Bastia, cause la mort de 17 personnes et en blesse 2 857.

Lors du deuxième match face au Koweït, gagné 4-1 par la France, le cheikh Farid Al Ahmad al-Sabah, président de la Fédération de football du Koweït, était descendu sur la pelouse en fureur pour protester contre l'arbitrage. Il était d'ailleurs parvenu à obtenir l'annulation d'un but d'Alain Giresse, provoquant la colère de Michel Hidalgo. En tentant d'approcher le cheikh pour l'interviewer, j'avais été violemment attrapé au collet par ses gardes du corps.

Jean-François Larios avait joué le premier match contre l'Angleterre, puis avait été écarté de la compétition. Il avait des problèmes sentimentaux très sérieux, car il était amoureux de l'épouse de Michel Platini. J'étais son confident, et souvent, le soir, il me téléphonait et me demandait de venir le chercher pour qu'on aille boire un pot ensemble en ville. Je prenais ma voiture, parcourais les quelques kilomètres qui séparaient mon hôtel de celui de l'équipe de France, me garais le long d'un des murs d'enceinte de leur résidence et, entre 23 heures et minuit, Jean-François arrivait, après avoir escaladé le mur. Il montait dans ma voiture et nous partions dans les bars et les boîtes de nuit jusqu'à plus d'heure... Je ne le ramenais qu'au bout de la nuit. Ce bel homme ombrageux n'a finalement pas fait la carrière qu'il aurait méritée.

*

En 1978, j'ai rencontré ma première femme, dans la rue, pas très loin de RTL. Elle se promenait avec une copine qui se trouvait être une de mes amies d'enfance. Nous nous sommes mariés en janvier 1979. Originaire du Cantal, elle m'a fait connaître sa région, que j'ai immédiatement aimée. Nous avons eu notre première fille, Clémence, en mai 1980, et la seconde, Fanny, deux ans plus tard. Sa grand-mère avait une propriété à Pleaux, un gros bourg à la limite du Cantal et de la Corrèze, et nous avons récupéré une maison de ferme qu'il a fallu entièrement rénover.

J'ai passé vingt-deux étés à parcourir les merveilleuses forêts et rivières d'Auvergne. La région est pittoresque et vallonnée, les rivières dévalent les monts du Cantal, et les forêts abritent des maisons bâties en pierre blonde de Corrèze ou en pierre noire volcanique. J'ai de très bons souvenirs de pêche – je ne suis pas chasseur – dans les rivières, où je retrouvais mes premières sensations du Chambon-sur-Lignon. J'ai été initié par les anciens du pays, ou par de jeunes Pleaudiens. Nous pêchions l'écrevisse sauvage à la balance, ou en confectionnant des fagots de bois avec des sarments de vigne ou de fines branches de noisetier, ficelés, qu'on arrosait de pastis avant de les immerger.

Il y a dix ans encore, la pêche à l'écrevisse était ouverte quelques semaines l'été, puis c'est rapidement passé à quelques jours, et enfin à une journée seulement. Aujourd'hui, l'écrevisse sauvage a pratiquement disparu, remplacée par l'écrevisse américaine, plus résistante et très carnassière. Nous pêchions aussi la nuit, ce qui était formellement interdit, je le reconnais. On partait à pied, on remontait les zones escarpées des rivières à la lumière de nos lampes et, en éclairant le lit du cours d'eau, on voyait de très nombreuses écrevisses, il suffisait de se pencher pour les ramasser.

Je pratiquais aussi régulièrement la pêche à la truite, à la main. Il s'agissait de truites sauvages, dites fario, noires avec des petits points rouges sur le corps. J'avais été initié par Léo, le médecin du coin. Au plus fort de l'été, quand les eaux étaient basses et pas trop froides, on remontait les rivières en short, T-shirt et vieilles baskets. Sans instrument ni intermédiaire, c'était à celui qui serait le plus adroit et le plus rusé. C'était formellement interdit et il ne fallait pas qu'un garde-pêche nous voie, car on risquait une forte amende.

Nous pêchions souvent à l'heure la plus chaude, entre midi et 3 heures de l'après-midi, au moment où les truites se font dorer au soleil quand elles se laissent aller au gré du courant pour se chauffer. La tête vers l'amont, elles se tiennent droite dans le courant en effectuant de petits mouvements. En remontant le cours, on a le temps de les voir, et si elles nous entendent, elles démarrent vite et vont se cacher sous un rocher ou des racines. Chacune a son endroit. Idéalement, la pierre doit être immergée aux trois quarts. Il faut alors s'accroupir sur le rocher et passer les mains tout autour pour repérer les différentes cavités et caches possibles. On bloque alors les sorties d'une main, et, de l'autre, on s'enfonce au plus profond, car la truite se glisse toujours dans des endroits insoupçonnés. Même s'il n'y a pratiquement plus d'eau, elle s'enterre pour se protéger. Une fois qu'on la sent, il faut rester très calme. Combien en ai-je raté au début, dans la précipitation et l'impréparation ! Car, si on arrive trop vite, la truite se retourne et file en vous passant le long du bras et de la main ! Quand on l'a sentie, il faut la caresser sous le ventre, et alors la truite ne bouge plus, comme pétrifiée, alanguie. On remonte alors lentement le long de son corps pour, du pouce et du majeur, bloquer ses ouïes. À ce moment-là, elle est définitivement prise, on retire alors le bras doucement et on la sort de l'eau. Et vient le moment le plus désagréable, celui où on lui tord l'échine pour la mettre dans un panier. On ne s'autorise à le faire que si la truite « fait la maille », c'est-à-dire mesure plus de vingt centimètres.

Certes, c'est horrible, mais est-il préférable de faire saigner le poisson avec un hameçon ? Si nous attrapions une petite truite, jusqu'à dix-huit ou vingt centimètres, nous lui redonnions sa liberté, parce qu'il faut repeupler les rivières. En pêchant à la main, on n'abîme pas sa proie, et, si on la relâche, elle continue sa vie tranquillement !

On pêchait durant cinq heures d'affilée. J'aimais tout particulièrement quand la truite était tapie dans les méandres du ruisseau ou qu'elle se lovait contre la souche d'un arbre, près de la berge, il fallait alors ruser pour l'attraper. Si une main habile remplaçait la racine qui la caressait sous l'eau, ça marchait ! Le seul hic de cette pêche était que, en mettant ses mains partout, on attrapait souvent autre chose que du poisson : des crapauds, des ragondins ou, plus désagréable encore, des serpents d'eau. Avec la chaleur, il fallait aussi faire très attention aux vipères. Parfois, j'avais de drôles de sensations en mettant ma main sous les pierres, ça grouillait.

Avec mon ami Laurent, riverain du lac de Longueyroux, je pratiquais un troisième type de pêche interdite. Nous descendions au bord du lac à travers bois pour ne pas être repérés, nos filets lestés dans des sacs à dos. Ils mesuraient à peu près soixante-dix centimètres de large et cinquante de long. L'excitation de la pêche et la communion avec cette nature sauvage où l'on ne rencontre jamais personne m'incitaient à passer dans des endroits dont l'accès, en temps normal, ne m'aurait pas été possible, en raison de mon vertige.

Laurent se glissait dans l'eau en tenant un bout du filet et nageait vers le large pour le déplier. Resté au bord, je l'amarrais à de grosses pierres. Nous attendions que notre installation soit immergée à quelques mètres de profondeur pour nous retirer, et nous allions tranquillement dîner et nous coucher. Le lendemain, vers 5 heures, on revenait au lac pour retirer le filet lourd de poissons. Généralement, on trouvait d'énormes sandres, jusqu'à douze kilos !, d'impressionnants brochets et même, parfois, de très grosses truites, le plus souvent immangeables. Là aussi, nous remettions à l'eau les plus petits poissons.

En Auvergne, j'ai également cueilli des champignons avec le plus grand ramasseur que je connaisse, mon vieil ami Marcel, surnommé Nasa, un vieux garçon au cœur sur la main. Accidenté à l'armée, Nasa n'avait pratiquement pas fait d'études et avait reçu une pension de l'État. Il passait son temps dans les bois, à cueillir des champignons pour les revendre. Parfois, il se faisait jusqu'à 20 000 francs par saison ! Dans un sous-bois, il me désignait un endroit sur le sol et disait simplement : « Tu vois, là, il y a un champignon. » Je ne voyais rien, et pourtant, j'étais bon ramasseur. Avec son bâton, il soulevait la mousse bien verte et épaisse et un tout jeune cèpe apparaissait. Il pressentait son existence à la légère boursouflure du terrain. J'étais bluffé ! Je connais bien les cèpes, les girolles, les pieds-de-mouton, mais jamais je n'ai atteint un tel art ! Avec Nasa, j'ai arpenté toutes les forêts autour de Pleaux et il nous arrivait de revenir avec dix, vingt, parfois trente kilos de champignons ! On ne savait plus quoi en faire tellement il y en avait.

J'ai aimé la vie au village et l'authenticité des produits du coin : le saucisson de la Ferme du Bruel, le foie gras, les volailles, tous ces produits sains et naturels. Mais aussi, il faut le dire, les parties de pétanque. Je m'étais initié quelquefois à la pétanque, en vacances, mais je m'y suis réellement mis avec mon ami Patrice Laffont, un joueur émérite. C'est lui qui, au début des années quatre-vingt-dix, m'a vraiment donné le goût de ce jeu et, depuis, je joue régulièrement à Paris et participe à des tournois. Ma spécialité est d'être « milieu » : ni pointeur ni tireur.

Comme mes autres hobbies, la pétanque me détend totalement, me permet de tout oublier et de me sentir bien. C'est de la pure convivialité. Est-elle un sport ? J'affirme que oui. Dans un tournoi, on se fatigue à rester très longtemps debout, bien sûr, ce n'est pas une activité violente, mais c'est un sport d'adresse qui, je le souhaite, deviendra une discipline olympique. Le problème de ce jeu est lié à son image « pastis », un peu vieillotte. Elle a pourtant beaucoup changé ces dernières années, grâce aux efforts de la Fédération qui accorde une attention particulière à la tenue et au comportement des joueurs dans les compétitions. La présence de la télévision contribue aussi à redynamiser l'image de ce sport.

Je constate que mes deux principaux hobbies, la pétanque et les cartes, sont récemment redevenus à la mode. J'ai toujours aimé ce qui est populaire. J'apprécie aussi le cinéma, le théâtre, la lecture, mais j'ai besoin de moments particuliers pour évacuer la pression et la tension de la vie. Disputer une partie de pétanque le dimanche matin avec mes amis, ou nous réunir autour d'une table de cartes me permet d'être plus serein. Cela fait partie de mon équilibre.

J'ai également une autre passion : le vin. Dès mon plus jeune âge, j'ai été initié à la vigne par ma grand-mère. Aussi, lorsque j'ai fait la connaissance de Philippe Faure-Brac, champion du monde des sommeliers [1], ce dernier m'a beaucoup appris. Au cours de mes pérégrinations en France, j'ai rencontré de très nombreux viticulteurs. Je n'ai pas de préférence pour une région viticole, ou un pays, mais je suis pointilleux sur la qualité. Je préfère le rouge au blanc, que j'aime

1. En 1992.

aussi, bien sûr, mais dans certaines circonstances. Par exemple, sur le bassin d'Arcachon, j'ai eu la chance de prendre l'apéritif, sous les pins, chez le directeur de Château-Yquem, le plus grand sauternes au monde. Il a débouché une bouteille très froide, des gouttelettes perlaient sur le goulot, je n'oublierai jamais ce pur bonheur. Je bois rarement du rosé, hormis l'été. La plupart du temps, je déguste des vins de petits viticulteurs très peu connus.

Enfin, ma dernière faiblesse est le cigare. Comme beaucoup, j'ai commencé à fumer à l'armée. Nous serions d'ailleurs nombreux à pouvoir porter plainte contre l'État français car, à l'époque, on distribuait des cigarettes gratuites à ceux qui faisaient leur service – des Troupes, du tabac noir – et on nous encourageait à fumer... Le monde a bien changé !

J'ai fumé des cigarettes jusqu'à l'âge de quarante ans, et je me suis arrêté brusquement en découvrant le cigare. Aujourd'hui, je fume exclusivement des havanes, irrégulièrement, certes, mais j'en savoure chaque bouffée. À tel point que je suis allé à Cuba visiter des plantations et des fabriques de cigares. J'y ai même rencontré M. Robaina, qui a donné son nom à une marque de cigares et qui possède encore sur l'île quelques hectares de tabac, le reste appartenant à l'État. Chez lui, sous la véranda en bois, face au jardin, il m'a offert un merveilleux cigare de sa collection personnelle, que nous avons dégusté, côte à côte, dans des fauteuils à bascule. C'était sans doute le meilleur de ma vie, un équilibre parfait, un bouquet d'arômes envoûtant.

Le cigare est avant tout un plaisir du toucher : on le prend dans sa main, on le fait glisser entre ses doigts, on le palpe, avant de le porter à sa bouche. Mon premier réflexe est d'enlever la bague avant de le fumer, car la garder est, pour moi, d'une inélégance totale, qui consiste à montrer la marque que l'on fume. Le meilleur du cigare se révèle quand il est consumé à 20 %, jusqu'à 70 % de sa longueur, c'est à ce moment-là qu'il est le plus chaud, que les meilleurs arômes s'épanouissent dans les narines et dans la bouche.

Le vin et les cigares sont des plaisirs un peu chers, que l'on considère « de luxe » mais ce n'est pas un luxe ostentatoire. Je n'irais pas appartenir à un club de cigares, par exemple. Pour moi, cela se passe avant tout dans la tête ; un bon verre de vin, un bon cigare sont toujours des plaisirs inégalés, partagés avec des gens que l'on aime, des moments privilégiés.

*

En 1982, après sept années de journalisme sportif à RTL, Robert Chapatte, qui dirigeait le service des sports de la chaîne de télévision Antenne 2, m'a proposé de rejoindre son équipe pour m'occuper du rugby. J'en ai parlé très franchement à Raymond Castans, qui m'a demandé de réfléchir, car RTL avait peut-être une proposition à me faire. Le lendemain, il m'a dit : « Si tu y tiens vraiment, va à la télévision poursuivre dans le sport, mais j'ai une autre idée. Je te connais bien, et il me semble que tu es mûr pour autre chose. J'ai envie de te faire présenter des grands journaux sur RTL. »

J'étais à un moment de ma vie où je commençais à avoir fait le tour du journalisme sportif et, même si je restais passionné par le sport, je ne me voyais pas continuer ainsi *ad vitam æternam*. J'avais envie de me remettre en question et de prendre des risques, sans avoir d'ambition précise ou de plan de carrière préétabli. Je n'imaginais pas encore vraiment ce dont j'étais capable. Concrètement, Castans m'a proposé d'augmenter mon salaire de 5 000 francs mensuels, presque le double de ce que je gagnais, et de me faire présenter le journal de 8 heures du matin, l'un des grands journaux de la station.

RTL était redevenue la première radio de France et on me confiait un rendez-vous matinal important. Castans semblait sûr de lui : « Tu as une voix chaleureuse, faite pour la présentation des journaux. » Par ailleurs, il savait que j'étais très curieux de nature et que je pouvais m'intéresser à autre chose qu'au sport. Il me faisait confiance pour relever ce défi et réussir. J'ai quand même passé une semaine à hésiter, puis j'ai repoussé l'offre de la télévision parce que je n'étais pas particulièrement attiré par l'idée de me montrer à l'écran, ce qui aurait impliqué de changer totalement de vie. Enfin, je dois dire que je me sentais vraiment bien à RTL où l'ambiance était bonne. Je venais de fonder une famille et on me proposait de doubler quasiment mon salaire, cela aussi m'a fait fléchir...

Le challenge était loin d'être terminé et j'avais envie de nouveauté. C'est d'ailleurs un principe que j'ai respecté tout au long de ma vie : ne m'arrêter qu'à la fin de l'aventure, sinon je ne pars pas. Je vais jusqu'au bout des choses, mais, quand c'est fini, c'est définitif. Je me suis lancé dans la présentation des journaux avec des sueurs froides, au début. Le premier défi était de me faire accepter par mes pairs. Je n'avais que trente-trois ans et, face à moi, la concurrence était rude. Sur Europe 1, il y avait Guillaume Durand et d'autres journalistes plus aguerris. Je me devais de tenir mon rang et l'image de RTL.

C'est à partir de ce moment-là que j'ai pris l'habitude de me lever très tôt, vers 3 h 30, parfois 4 heures. Il me fallait d'abord écouter tous les reportages enregistrés la veille par l'équipe du soir, puis lire la presse du matin, toutes les dépêches d'agences et, enfin, rédiger et dicter mon propre journal. Je m'y attelais à partir de 4 h 30. C'était un long journal d'une demi-heure. À mon avis, les tout premiers n'ont pas dû être fameux, mais j'avais mon style, chaleureux, résolument optimiste et très tourné vers les faits de société. Pour une radio comme RTL, c'était plutôt osé de modifier le genre à une heure de si grande écoute, mais les sondages m'ont rapidement été favorables. Finalement, j'ai présenté ce *Journal de 8 heures* pendant presque cinq ans.

Me lever tôt ne m'a jamais vraiment gêné et ce n'est pas difficile en soi. Il faut cependant respecter quelques principes, dont celui de faire confiance à son réveil. La veille, quand je me couche, j'ai toujours une pensée accablée pour l'éventualité de la panne, et je vérifie l'instrument pour voir s'il est bien enclenché au moins quatre fois avant de m'endormir. Une autre règle absolue est de se lever immédiatement quand on l'entend ; si on se laisse aller à rester un peu entre les draps, on ne se lèvera pas, on risque de se rendormir ou de se réveiller plus tard, encore plus fatigué. Il faut donc sauter du lit. En retour, il y a la poésie de l'aube, la magie du petit matin quand on croise ceux qui rentrent de la fête ou de leurs jobs nocturnes !

Il faut dire aussi que je me lève facilement parce que j'ai une véritable passion pour mon métier, et que chaque jour est différent. Même si je me suis couché tard la veille, si j'ai trop bu ou trop mangé, je n'ai aucun mal à aller travailler. Parfois, au début de ma carrière, il m'arrivait de passer une nuit blanche, mais je me suis vite rendu compte que ce n'était pas tenable, je le payais vers 6 ou 7 heures du matin, juste au moment de prendre l'antenne.

Dès que je suis prêt, je monte dans ma voiture, j'allume la radio et me voilà parti ! J'écoute plusieurs radios, mais pas celle pour laquelle je travaille.

À l'époque du *Journal de 8 heures* pour RTL, j'habitais près de la Nation, dans le 12e arrondissement, et je devais traverser la capitale d'est en ouest par les rives de la Seine. Un épisode désagréable a précipité mon déménagement : au cours d'un de ces journaux, j'avais évoqué des événements en Corse et le cas d'un fonctionnaire de l'Éducation nationale menacé de mort par des indépendantistes, jusqu'à être obligé de quitter l'île. Je lui avais longuement donné la parole à l'antenne, ce qui n'a pas plu à certains, et j'ai été à mon tour menacé.

Je venais à peine de quitter l'antenne, ce jour-là, lorsque ma femme a reçu un coup de téléphone. Mon numéro étant dans l'annuaire, ce n'était pas bien difficile à trouver. Une demi-heure plus tard, elle a reçu un nouveau coup de téléphone d'une soi-disant compagnie de pompes funèbres expliquant que je venais de mourir et qu'il fallait prendre des dispositions. RTL a également reçu des menaces.

Alors que cela ne m'affolait pas vraiment, tout le monde a pris cette intimidation au sérieux. La police a été prévenue et, pendant la semaine suivante, des policiers venaient me chercher tous les matins. Je regardais par la fenêtre s'ils étaient là, avant de descendre, ils m'accompagnaient jusqu'à ma voiture, vérifiaient si je pouvais y monter et me suivaient jusqu'à la radio. J'ai toujours trouvé cela exagéré mais ça ne rigolait pas. Raymond Castans m'avait même conseillé de mettre ma femme et mes deux filles au vert, en dehors de Paris. En tout cas, une chose était sûre : il fallait déménager.

Puis Raymond Castans m'a proposé de présenter la tranche de 7 à 8 heures en alternance, une semaine sur deux, avec Jean-Claude Larrivoire, un autre présentateur vedette de RTL. Comme j'avais toujours cette volonté de ne pas céder à l'ennui, à l'habitude, à la routine, je n'y suis pas resté longtemps. L'actualité ne devient jamais routinière, mais son fonctionnement peut le devenir. On fait face aux mêmes situations, aux mêmes plaisirs, voire aux mêmes angoisses, et il y avait un peu moins d'excitation à l'antenne de ma part.

Je suis retourné voir Castans, qui m'a alors offert de travailler les vendredi, samedi et dimanche : je présentais tous les grands journaux du matin et, souvent aussi, le *Journal inattendu* du samedi à 13 heures. C'était un journal simple, avec un invité prestigieux qui se transformait en « rédacteur en chef », choisissant sujet et invités.

Au Festival de Cannes, en 1999, je me suis retrouvé entre la cantatrice noire américaine Barbara Hendricks et l'actrice Faye Dunaway, qui figuraient cette année-là parmi les invités d'honneur. Toutes deux étaient fascinantes. J'avais fait venir mon ami Bruno, le « roi de la truffe », restaurateur à Lorgues, dans le Var, qui nous avait apporté gentiment un panier de ces gourmandises. Un des maîtres d'hôtel avait servi du pain grillé recouvert de lamelles de truffe, d'un peu de gros sel et d'huile d'olive. Faye Dunaway, qui goûtait à cette délicatesse pour la première fois, l'a tellement aimée que, à la fin du journal, elle a tout simplement demandé à son secrétaire de monter dans sa chambre les deux paniers qui restaient. Personne n'a osé protester !

Un autre *Journal inattendu* est resté célèbre, le samedi 31 décembre 1994, dont l'invité principal était Michel Sardou. La veille, je m'étais rendu chez l'artiste pour préparer l'émission, vérifier les sujets d'actualité et les invités. C'est à ce moment-là qu'il m'a lancé : « Et si on essayait de joindre Jacques Chirac ? » Celui-ci était à l'époque le maire de Paris, le patron du RPR et le candidat déclaré à la présidence de la République, même si les sondages étaient catastrophiques. J'étais certain que Chirac ne serait pas disponible, mais Sardou, qui semblait y tenir, a appelé sa fille, Claude, qui n'a pas dit non et a même confirmé que son père était à Paris. Elle nous a promis de lui en parler et nous a demandé d'attendre son appel. Quelques heures plus tard, Chirac a rappelé et accepté l'invitation de Sardou, et j'ai pu discuter avec lui de sa participation.

Je lui ai suggéré que, lors de ce *Journal*, on parle davantage de « Chirac, l'homme », pas toujours à l'aise en public ou devant les caméras, afin que les Français découvrent un peu mieux sa personnalité. Pas de problème, Chirac se disait même prêt à répondre à des questions personnelles ! Le lendemain, à 12 h 55, alors que j'étais en train de travailler avec Sardou, Chirac est arrivé rue Bayard, sans personne pour l'accueillir. Il n'y avait pas l'ombre d'un dirigeant de la radio, puisque, à l'époque, tout le monde ne jurait que par Édouard Balladur, le candidat de l'*establishment*, voire le chouchou des journalistes politiques. Tout le monde ignorait ou méprisait Jacques Chirac, à tel point que, dans les dîners en ville, dès qu'un journaliste évoquait son nom, on se moquait. Je ne donnerai pas de nom, mais la plupart des grands éditorialistes politiques, qui ont écrit tout et son contraire et sont encore en poste aujourd'hui, se reconnaîtront.

En tant que rédacteur en chef, j'étais le seul à accueillir Jacques Chirac, qui s'est installé dans mon bureau. Nous sommes partis tous les trois en studio, même si son intervention n'était pas prévue avant 13 h 20. On a commencé le *Journal*, il nous écoutait, ça avait l'air de l'amuser et de l'intéresser beaucoup. Puis, Sardou a engagé le dialogue avec Chirac, qui s'est laissé aller à faire des commentaires personnels. Sa prestation terminée, le maire de Paris est sorti du studio, alors que Sardou et moi devions rester jusqu'à la fin du direct, à 14 heures. Il aurait pu partir, mais non, il nous a attendus tranquillement dans mon bureau, où nous avons bu un café tous les trois.

Deux mois plus tard, quand Jacques Chirac est revenu pour une interview politique à RTL, il a été reçu avec le tapis rouge. Que s'était-il passé ? Tout à coup, dans les sondages, le candidat Chirac doublait le candidat Balladur. Ce jour-là, le ban et l'arrière-ban de la direction de la radio l'attendaient jusque dans la rue ! Cette attitude hypocrite de la part de mes confrères m'a fait sourire et m'a permis de toucher du doigt la réalité de la connivence entre les dirigeants des médias, certains journalistes et le monde politique. Car cette connivence est réelle. J'ai aussi compris que, pour garder la tête froide, il fallait prendre ses distances et regarder ce spectacle avec détachement. Cela m'a renforcé dans mon idée d'indépendance, voire de rébellion.

*

Les directeurs de la rédaction de RTL ont changé, la grille des programmes aussi, et on m'a demandé de présenter de nouveau le *Journal de 8 heures*. Je l'ai fait pendant deux ans, puis je suis allé voir Philippe Labro, qui avait remplacé Raymond Castans à la direction des programmes.

Raymond Castans, décédé récemment[1], et Philippe Labro m'ont beaucoup appris dans ce métier, et je tiens ici à leur rendre hommage. L'obsession de Raymond était le respect dû à l'auditeur, il voulait toujours qu'on se mette à sa place, qu'on pense comme lui, qu'on réfléchisse à ce qui pouvait l'intéresser. « Quand tu te mets au volant de ta voiture pour partir au travail, pose-toi toujours cette question : De quoi vont-ils parler aujourd'hui ? Que faut-il retenir de l'actualité ? » Il m'a inculqué un profond respect de l'auditeur, qui sera le fil de toute ma carrière et me conduira, plus tard, à vouloir lui donner toujours davantage la parole. Quant à Philippe Labro, déjà connu et apprécié comme journaliste et écrivain avant de succéder à Raymond,

1. Le 29 septembre 2006.

il était un directeur de radio qui possédait un vrai sens journalistique, qui « sentait » l'histoire, le sujet, les événements.

Lors de mon entretien avec Labro, je lui ai fait part de mon souhait de changer une fois de plus de place dans la grille. Henri Marque, qui présentait le *Journal de 13 heures*, était sur le point de partir à la retraite. On m'a alors confié son journal de la mi-journée. Il faut dire que, à cette époque, ces rendez-vous quotidiens comptaient beaucoup plus qu'aujourd'hui : il y avait les flashes et les « grands » journaux, car l'information en continu n'était pas encore développée. Pendant plusieurs années, j'ai présenté le *Journal de 13 heures* avant de passer l'antenne à une émission présentée par Alain Craus et Anne-Marie Pesson : *Les auditeurs ont la parole*. Sur une idée importée des États-Unis et adaptée au public français, cette émission était la seule où les gens pouvaient s'exprimer tous les jours, pendant une demi-heure, entre 13 h 30 et 14 heures.

On m'a ensuite confié l'heure entière, c'est-à-dire le journal et l'émission avec les auditeurs. J'ai un peu modernisé le format, en laissant s'exprimer deux ou trois auditeurs en même temps, qui pouvaient aussi donner leur avis sur l'actualité. Pour moi, la clé de l'émission était que chaque auditeur devait faire partager son expérience. Ces modifications ont donné plus de rythme à l'émission qui a tout de suite très bien marché. Mais que n'ai-je entendu de la part de mes confrères ! Les critiques de nos concurrents – notamment d'Europe 1 qui nous a fustigés à cette occasion – et de la presse tout entière pleuvaient, y compris à RTL ! La plupart ne cachaient pas un mépris total du public.

Parce que le succès de cette émission était concomitant avec les grands débuts du Front national, certains n'ont pas hésité à l'accuser d'avoir contribué à la popularisation du FN. Il ne plaisait pas qu'« en laissant parler tout le monde », tout à coup, les extrêmes trouvent un certain écho. C'est d'ailleurs ce que l'on me reproche encore et toujours aujourd'hui, en 2007, alors que, pour redresser leurs audiences, toutes les radios concurrentes font la même chose. À RTL même, j'ai été obligé de monter au créneau pour défendre les auditeurs. Je répétais à mes détracteurs : « Interrogez directement les auditeurs de RTL. Faites votre travail de journaliste, allez vérifier ce qu'ils pensent. Moi, je ne suis que la courroie de transmission, un intermédiaire, mais aussi un arbitre, un modérateur. »

Je fais toujours confiance aux gens, ce que certains de mes confrères ne comprennent pas. On ne remet pas en question le métier de journaliste quand on fait confiance au public. Effectivement, on prend quelques risques, mais si peu ! Les critiques de l'émission pensent que ce que disent les auditeurs n'a aucun intérêt, n'est ni vérifiable ni « objectif ».

La vérité est que j'ai adoré cette émission, elle correspondait au grand changement que j'espérais et elle m'a permis de découvrir tout ce qui allait être la deuxième partie de ma carrière radio : la place de l'expression publique. Plus jeune, j'avais toujours aimé rencontrer l'autre, discuter, et dans ce format je me sentais particulièrement bien. J'étais heureux d'offrir aux auditeurs plus qu'une tribune, une véritable ouverture, de déverrouiller cette parole qui avait été confisquée par les élites et un certain « ordre établi ». Je me suis installé dans le dialogue avec les auditeurs et, enfin, la radio prenait un sens. Depuis, je suis quasiment devenu un militant de cette forme de journalisme et je l'assume entièrement. J'ai présenté le *Journal de 13 heures* pendant douze ans, et *Les auditeurs ont la parole* pendant huit ans, émission pour laquelle j'ai reçu en 1999 le prix du Meilleur Débat, décerné par le Sénat.

En 1999, Philippe Labro est tombé brusquement malade, une grave dépression qu'il a racontée dans un livre. Du jour au lendemain, il s'est trouvé dans l'incapacité de diriger la radio. Rapidement, les ambitions de certains ont émergé, et plusieurs personnes de son entourage ont profité de sa faiblesse pour prendre le pouvoir. J'ai trouvé cela lamentable. Ce moment a été pour moi une vraie coupure avec RTL ; je me suis rendu compte que je n'avais plus très envie de travailler dans cette station.

À plusieurs reprises, j'avais suggéré à Philippe Labro d'allonger *Les auditeurs ont la parole*, dont je voulais faire un concept, mais il n'avait jamais été très réceptif à ce projet. En avril 2000, j'ai obtenu le meilleur score jamais réalisé pour un journal de 13 heures et *Les auditeurs ont la parole*, mais j'ai décidé d'arrêter là car, de nouveau, la routine pointait son nez. À cinquante et un ans, je ne me voyais pas continuer ainsi jusqu'à la retraite.

Le temps des questions sérieuses était venu. J'ai fait part à la nouvelle direction de l'époque, incarnée par Stéphane Duhamel et Olivier Mazerolles, de mon désir d'aller plus loin dans cette émission. Stéphane n'était pas favorable du tout à l'idée d'interactivité, il n'avait pas senti l'importance de cette tendance, surtout en radio. Devant leur obstination, j'ai préféré, tout bonnement, cesser de travailler à RTL à la fin de la saison : soit on me proposait autre chose au sein du groupe, soit je quittais la radio, après vingt-six ans de bons et loyaux services.

Quand il m'a enfin répondu, Stéphane m'a parlé d'un important projet, celui du rachat de Radio Monte-Carlo, propriété du groupe pharmaceutique

Fabre, qui ne parvenait pas vraiment à redécoller après de longues années de suprématie, notamment dans le sud de la France. « Écoute, je te propose de t'enfermer dans un bureau et de nous concocter une nouvelle grille de programmes pour RMC », a-t-il proposé.

Le projet m'intéressait. Associé à Claude Emer, le codirecteur des variétés de RTL, je me suis mis à plancher. Pendant un mois et demi, nous avons imaginé une grille de programmes basée en grande partie sur l'interactivité, comme j'en rêvais. Nous avons rendu notre copie au directoire de RTL au printemps 2000. J'étais assez satisfait, mais les rumeurs se sont vite vérifiées : les actionnaires de la radio n'étaient pas vraiment prêts à ce rachat. Finalement, RTL a tellement hésité que, début juillet, le groupe NRJ, beaucoup plus rapide et efficace, est venu souffler RMC sous le nez de RTL.

J'étais en vacances d'été, ne sachant ce que j'allais devenir à la rentrée, sans perspective d'antenne, et, à la fin du mois d'août, personne ne m'offrait quoi que ce soit. La direction avait fait appel à Christophe Hondelatte pour présenter le *Journal de 13 heures* à ma place. Je ne faisais rien, mais on ne me licenciait pas car, étant donné mon ancienneté, cela aurait coûté beaucoup trop cher. On m'a mis dans un bureau sous les toits, un véritable placard. J'étais payé à ne rien faire, et cette situation, insupportable à vivre, fut la plus grande déception de ma vie professionnelle : voilà une maison pour laquelle je m'étais battu, en laquelle j'avais cru, à laquelle j'avais tout donné... J'avais travaillé pendant vingt-six ans à RTL et obtenu d'excellents résultats d'audience, comme beaucoup, j'avais participé à la remontée de la radio jusqu'à ce qu'elle devienne la première de France, et c'est ainsi que l'on me remerciait !

À bout, j'ai accepté l'ouverture de négociations en vue de ma démission. Finalement, j'ai reçu des indemnités, bien moins que ce que RTL me devait, mais cette somme m'a permis de me préparer à la suite. Fin septembre 2000, dans une ambiance délétère, j'ai quitté RTL. Pas un pot de départ, pas un mot, pas un geste de la part de la direction, rien. Tout n'était que rancœur. J'ai rangé mes premiers cahiers de reportages, à spirales et à petits carreaux, et j'ai quitté la rue Bayard, seul, à l'heure du déjeuner. J'ai trouvé ça minable. Je suis un homme passionné et, tout à coup, j'éprouvais une immense déception.

Ironie du sort, quelques mois plus tard, je revenais sur RMC grâce à Alain Weill qui, entre-temps, l'avait rachetée !

*

À cinquante et un ans, j'avais une femme qui ne travaillait pas et deux filles adolescentes à ma charge. Certes, la quasi-totalité de mon entourage m'avait déconseillé de quitter RTL, mais je ne pouvais plus rester. C'était comme une indigestion.

En novembre 2000, j'ai assisté à la chute incroyable de l'audience de RTL : en quelques mois, la station a réussi à perdre quatre points d'audience (20 % de son auditoire), un véritable accident industriel ! Les deux principales raisons de cet écroulement étaient, à mon avis, d'abord une volonté, voire une obsession, de « rajeunir » la station et, ensuite, le départ de Philippe Bouvard, la catastrophe de la fin prématurée des *Grosses Têtes*. Le *Journal de 13 heures*, dont le style avait été quelque peu modifié par Christophe Hondelatte, plaisait moins. Il a lui aussi été emporté par la vague de baisse à ce moment-là. Alors que RTL avait si longtemps caracolé en tête de toutes les radios, on assistait à un véritable décrochage. Je ne m'en réjouissais pas, mais je sentais que plus rien n'allait, et j'étais finalement content d'être parti.

À la fin du mois, j'ai reçu un coup de téléphone d'un ami, Jean-Charles De Kayser, qui avait été mandaté par les actionnaires allemands pour relancer la mécanique ; il s'apprêtait à venir à Paris pour étudier la situation. Tout en sachant que j'avais quitté la radio, il m'a demandé conseil. Je l'ai rencontré très discrètement et nous avons discuté de l'état de la station. Je lui ai dit combien, à mon sens, cette maison était mal dirigée, et je ne me suis pas privé de détailler les nombreuses erreurs. De Kayser a fini par obtenir la mise en place de nouvelles équipes, et, sur mes conseils, il a engagé à la direction Pierre-Marie Christin, ainsi qu'un nouveau patron venant de M6, Robin Leproux.

Mais, et c'était capital, il a aussi fait revenir Philippe Bouvard. Je me souviens avoir attendu De Kayser dans un café, alors qu'il était en train de négocier le retour de Philippe, au domicile de ce dernier.

Je commençais néanmoins à m'inquiéter pour mon propre cas car, si j'avais des propositions, il n'y avait rien de vraiment très emballant. On m'a offert la direction d'un grand magazine hebdomadaire, et une radio publique m'a proposé de présenter ses journaux, mais je n'ai donné suite ni à l'un ni à l'autre. J'avais toujours en tête de faire partie d'une équipe qui prendrait en main le club de football de mon cœur : le Nîmes Olympique. J'étais même en contact avec un homme d'affaires de la région, propriétaire de brasseries, qui voulait racheter le club et m'en confier la direction. C'est vrai que cela m'aurait terriblement amusé de devenir responsable d'un club de football, et j'avais presque pensé aller m'installer à Nîmes.

Fin mai 2001, je roulais sur l'autoroute en direction de Nîmes quand j'ai reçu un coup de fil de la secrétaire d'Alain Weill, que j'avais rencontré juste après avoir quitté RTL. Puisque j'avais travaillé sur le dossier de rachat de RMC par RTL, je m'étais dit prêt à le rejoindre s'il le désirait. À l'époque, Alain Weill travaillait encore pour le groupe NRJ, qui venait de racheter RMC, mais, en fait, il préparait déjà le rachat de cette radio à titre personnel. La loi française interdisant à un même groupe de médias de desservir, par le biais de ses différents réseaux, plus de 150 millions d'auditeurs potentiels, le groupe NRJ [1] s'était retrouvé en infraction. Il avait donc été obligé de se séparer de RMC, sa dernière acquisition, ce qui a permis à Alain Weill de racheter la station, avec quelques investisseurs, fin novembre 2000.

Quelques mois plus tard, Alain Weill a souhaité me rencontrer pour me proposer de reprendre l'antenne avec lui, en donnant une tonalité plus interactive à RMC. Nous nous sommes retrouvés à l'hôtel Raphaël, à Paris, pour un petit déjeuner qui a duré trois heures. Au début, j'étais dans l'expectative, mais j'ai dû

1. Ce groupe éditait déjà quatre stations radiophoniques : NRJ, Chérie FM, Nostalgie et Rire et Chansons. Pour se mettre en conformité avec la loi, le 13 novembre 2000, NRJ annonça qu'il renonçait à RMC.

admettre qu'Alain me proposait ce dont je rêvais. En l'écoutant, je me rendais compte qu'il parlait de la radio que j'avais toujours eu envie de faire ! Une radio interactive, une *talk radio*, c'est-à-dire une radio parlée (sans musique et sans jeux), avec la présence permanente des auditeurs, et trois piliers : l'information, des débats et le sport.

Alain Weill avait lancé ce nouveau concept sur RMC depuis janvier 2001, mais il tâtonnait. Il avait besoin d'un professionnel pour tenir l'antenne le matin et animer une grande matinale, du style *anchorman* à l'américaine, où seraient interviewés les grands acteurs de l'actualité entre les journaux. Il s'agissait avant tout de donner la parole aux auditeurs, ce que j'avais toujours fait avec passion. Alain m'a d'abord proposé la tranche horaire de 6 à 10 heures. Il avait aussi l'intention de faire remonter à Paris toute la station, administrativement et techniquement, mais, pendant six mois encore, il me demandait de m'installer à Monaco, le temps de faire décoller la radio. J'ai accepté.

*

Le 5 juin 2001, j'ai pris l'antenne à Monaco pour la première fois. C'était un lundi. Malgré d'invraisemblables difficultés techniques (nous n'étions pas vraiment au point), j'ai immédiatement retrouvé mes réflexes et, surtout, le plaisir de dialoguer avec l'auditeur. J'ai tout de suite senti que cela allait marcher.

À Monaco, où je faisais presque partie de l'équipe de l'hôtel où je résidais, j'étais vraiment un client à part. J'étais copain avec tous les serveurs, le cuisinier me préparait ce que je voulais, bref, j'étais vraiment chez moi. Vers 19 heures, chaque soir, je m'installais au bar avec mon cigare et mon téléphone, et je me mettais à préparer la matinale du lendemain. J'avais repris l'antenne avec un plaisir inouï, et j'ai immédiatement expliqué aux auditeurs que nous nous lancions dans une véritable aventure et que d'eux dépendrait notre réussite. Aussitôt, j'ai reçu de nombreux appels, et, dès le premier mois, d'anciens auditeurs de RTL nous ont rejoints sur RMC. Cela m'a donné chaud au cœur, et une inextinguible envie de foncer et de continuer. C'était un formidable déclic !

En novembre, nous nous sommes installés à Paris, dans des locaux tout neufs, le long du périphérique, là où nous sommes aujourd'hui. Très vite, j'ai vu l'audience grimper. Alain Weill a habilement négocié les droits exclusifs de la retransmission radio de la Coupe du monde de football 2002, en Corée-du-Sud, ce qui nous a donné un coup de fouet. Depuis, il ne s'est pas passé un sondage sans que RMC ne gagne des auditeurs. Tous les jours, je suis émerveillé par ce succès.

Je suis ensuite passé de 7 à 11 heures, et la dernière heure d'antenne, qui prolonge le plaisir d'être avec les auditeurs, orchestre une longue session où l'information est entrecoupée d'intervenants et de témoignages. Pour ne pas désorienter l'auditeur, on a modifié l'ossature de la grille en douceur, avec le souci permanent de le laisser devenir un acteur de cette radio. Au fil des mois, les équipes se sont renforcées.

Le 11 septembre 2001, j'étais à Monaco dans ma chambre d'hôtel, en train de faire ma sieste quotidienne (indispensable pour tenir le rythme), quand le téléphone fixe a sonné : une de mes assistantes m'informait de la collision de deux avions avec les tours du World Trade Center à New York. Je me suis levé pour allumer la télévision juste au moment où les tours s'écroulaient. Même si, dans les premières heures du drame, on ne soupçonnait pas le terrorisme, l'événement dépassait l'entendement. J'ai foncé à la radio, mais je n'ai pris l'antenne que le lendemain matin, pour six heures d'affilée pendant lesquelles les auditeurs n'ont pas cessé de nous appeler. *A posteriori,* on peut dire que cela a marqué le véritable lancement de RMC Info dans son nouveau format.

Le second événement à avoir donné à RMC son identité est la Coupe du monde de football 2002. En acquérant les droits radio, Alain Weill a agi très vite, bien lui en a pris ! C'était la première fois qu'une radio FM française achetait des droits exclusifs, ce qui a immédiatement provoqué des réactions : toutes les chaînes concurrentes ont crié au scandale. Elles nous accusaient d'avoir porté atteinte à la liberté d'informer, ce qui, paradoxalement, a joué en notre faveur : nous n'aurions jamais pu rêver d'une telle publicité involontaire ! Plus les autres radios parlaient de nous, même en nous critiquant, mieux c'était. Calme et confiant, Alain Weill assurait à tous que le droit à l'information serait garanti, que les autres radios auraient toujours la possibilité d'interviewer tout le monde et de diffuser des extraits des matchs. Seule l'intégralité nous était réservée. À l'approche de la Coupe du monde, on a même un peu assoupli notre position, mais les radios concurrentes avaient tellement mis dans la tête de leurs auditeurs l'idée que tout se passerait sur RMC, que tout le monde s'est mis à nous écouter. Un an seulement après mon arrivée, cela nous a donné un second coup de fouet !

À partir de 2002, les courbes d'audience ont explosé. On a su construire une grille « intelligente », qui convient à nos auditeurs : des informations dès 5 heures (le *5-7* de Guillaume Cahour, qui a la gentillesse de me remplacer quand je prends des vacances), des journaux au format très précis de sept minutes, avec de courtes interviews, puis deux minutes de sport toutes les demi-heures, et les *talks* qui apportent des explications. Au cours de mon émission *Bourdin & Co*, entre 7 et 11 heures, je dis toujours « savoir et comprendre », car il est indispensable, me semble-t-il, de connaître les faits précisément avant de tenter de les expliquer. Entre 11 et 14 heures, c'est *Les Grandes Gueules*, une autre idée typiquement RMC, très bien présentée par Alain Marschall et Olivier Truchot. Pendant trois heures, des représentants de la société civile débattent. Il s'agit d'hommes et de femmes qui ont un travail en dehors de la radio mais prennent plaisir à discuter de l'actualité, qu'elle soit politique ou non. Toutes les sensibilités politiques sont ainsi représentées, avec la participation des auditeurs. Alain Weill a également très vite compris qu'on pouvait parler de sexualité sans être vulgaire l'après-midi (de 14 à 16 heures), ce que Brigitte Lahaie fait admirablement. Puis c'est *DKP*, avec Alexandre Delpérier, animateur de talent, une émission autour du sport où l'on retrouve Guy Kédia. Enfin, *Luis attaque*, avec Luis Fernandez, une overdose de sport en direct. Le week-end, nous avons choisi de donner la place aux loisirs : les animaux, le bricolage, le jardinage et la voiture sont à l'honneur, parce qu'ils sont parmi les hobbies préférés des Français.

À cette grille de programmes particulière, inspirée par François Pesenti, le directeur de la rédaction et, lui aussi, un ancien de RTL, Alain Weill a ajouté la permanence du sport. Aujourd'hui, nous sommes la radio numéro un dans ce domaine, et nous nous intéressons volontairement à des sports négligés par nos concurrents, comme le hand-ball, le basket ou l'athlétisme. Nous avons embauché Luis Fernandez, ancien international de football, entraîneur réputé – notamment du PSG –, mais surtout une grande gueule et un homme passionné. Puis nous avons multiplié les têtes d'affiche correspondant à l'esprit de liberté et d'indépendance de RMC : Jean-Michel Larqué, ex-capitaine des Verts, Rolland Courbis, Tony Parker, ou encore Didier Deschamps pour la Coupe du monde de football 2006, sans oublier Vincent Moscato et Bernard Laporte jusqu'à la dernière Coupe du monde de rugby. Résultat : RMC est une radio différente, et, d'après des études marketing, elle est celle qui a les auditeurs les plus jeunes de toutes les radios d'information.

Chez nous, et c'est capital, l'auditeur est susceptible d'intervenir tout au long de la journée. Cela nous donne une force sans pareille, et un ton évidemment différent : nous avons toujours la possibilité de bouleverser nos programmes pour qu'un auditeur puisse, à l'antenne, raconter un événement.

Aujourd'hui, je suis heureux et fier de voir que notre format est copié ; RTL, d'ailleurs, le reconnaît ; quant à Europe 1, il y a un peu plus de réticences tant la culture de cette radio est peu tournée vers l'auditeur. Et même France Inter fait intervenir les auditeurs le matin, pour poser, par exemple, des questions à des hommes politiques. Enfin, la télévision aussi s'y est mise, en produisant des émissions dites interactives qui ont marqué la dernière élection présidentielle, avec le fameux « panel des 100 Français » interviewant en direct les candidats à la magistrature suprême.

Mon fonctionnement au quotidien est une question d'organisation, même si, par nature, je suis plutôt désorganisé. Cela fait six ans que je me lève de nouveau très tôt, à 5 heures pile. Quoi qu'il arrive, je ne reste pas une seconde de trop au lit. Je vais dans la salle de bains, je prends ma douche, me rase, me brosse les dents, tout est minuté. Avant de partir, j'avale un verre de jus de pomme bio de mon cousin Philippe, accompagné d'une tartine beurrée. Je beurre deux autres tartines que j'emporte généralement avec une pomme et une bouteille d'eau pour les manger pendant le flash infos de 9 heures. À 5 h 25 pile, je quitte mon domicile, dans le centre de Paris, en voiture. Dix à douze minutes plus tard, je suis dans le parking de RMC. C'est là que commence ma journée de travail.

Arrivé à la rédaction, je vais chercher un café, puis je m'installe à mon bureau. Je consulte les dernières dépêches de la nuit sur mon ordinateur, lis les fiches, préparées la veille par mon équipe, sur chaque invité à venir, et parcours les mails des auditeurs. Parfois, leurs commentaires me donnent des idées, que j'inclus dans le déroulé de la matinée. À travers ces mails, l'auditeur est en permanence acteur. À 6 h 58, je prends l'antenne et commence invariablement par ces mots : « Bonjour à toutes et à tous, merci d'être avec nous ! » Il est pour moi capital de montrer mon respect à l'auditeur. Je n'ai jamais modifié ces mots d'introduction depuis que je fais de la radio. Puis je lance le journal et reprends l'antenne après le sport. Toute la matinée est ponctuée par des interventions d'auditeurs. À 8 h 30, je reçois un invité principal, politique ou pas, durant une demi-heure.

Pendant la campagne électorale du printemps 2007, ces interviews étaient filmées et diffusées en simultané sur RMC et sur BFM-TV, une nouvelle chaîne d'information en continu de la TNT qui appartient au groupe NextradioTV d'Alain Weill. Pendant le flash d'infos de 8 heures, je me faisais maquiller, puis je descendais un étage plus bas pour me retrouver dans le studio virtuel conçu par BFM-TV pour l'émission *Bourdin 2007*. Ces interviews en « simulcast », c'est-à-dire diffusées à la fois à la radio et à la télévision, ont très bien marché. C'était une première en France.

Juste après la fin de l'émission, vers 11 heures, mon premier geste est de téléphoner à Anne, grand reporter de presse écrite, où qu'elle se trouve dans le monde, même si c'est en Irak, en Afghanistan ou en Tchétchénie ! J'en profite aussi pour prendre des nouvelles de mon fils, qui va avoir un an. Puis, j'organise les réunions avec mon équipe et la direction. Enfin, je m'occupe de mon blog et dicte mes « Conversations ». Ensuite, le rythme se ralentit, que je rentre déjeuner chez moi ou que j'aie un déjeuner professionnel. Quoi qu'il arrive, à 14 h 30 au plus tard, je dois commencer ma sieste. Je me couche avec *L'Équipe*, dont la lecture me détend. Je dors entre une heure et demie et deux heures d'affilée, mais parfois (rarement) je n'arrive pas à dormir du tout.

Quand je me réveille, c'est une seconde journée qui commence : jusque vers 20 heures, je suis pendu au téléphone avec mon équipe, et notamment Nicolas Grébert, mon formidable bras droit, et je consulte en permanence mon ordinateur portable. Parfois aussi, j'ai des rendez-vous que j'essaie de donner près de chez moi. Tout est calé vers 21 h 30 au plus tard, à moins que l'actualité ne bouge dans la soirée. Je me couche généralement vers 23 heures, mais je peux faire des exceptions, du moment que je ne mange pas trop et, surtout, que je ne boive pas. C'est une condition essentielle pour être en forme, que malheureusement je ne respecte pas tous les jours, car j'aime trop la vie !

III

Coups de gueule

Le soir du 24 décembre 2006, je me trouvais avec Anne dans le centre d'Annemasse, ville de Haute-Savoie à la frontière avec la Suisse, d'où elle est originaire. L'Impérial était le seul bar ouvert et nous y sommes entrés pour « sentir » l'ambiance d'une veille de Noël, fête familiale par excellence, symbole même de la félicité... mais pas forcément pour tout le monde.

À l'heure de l'apéritif, il n'y avait que des habitués, une petite dizaine d'individus passant d'une table à l'autre, réunis dans leur solitude. Entre deux verres de rosé, on a entendu l'un d'eux dire à un autre (mais un peu, aussi, à la cantonade) : « Les fêtes ça nous emmerde, c'est bien pénible pour des gens comme nous... » Quelques instants plus tard, il a ajouté, rigolard : « Ce que je préfère, moi, c'est le 2 janvier, quand tout le monde fait la gueule parce qu'il faut reprendre comme avant... là, je souris ! » À la fois pathétiques et sincères, ces quelques mots pris sur le vif sont un bon résumé de ce que ressentent de nombreuses personnes seules, dans une société où la solitude, justement, est de plus en plus présente, mais aussi de plus en plus taboue ! Si j'avais été à l'antenne ce soir-là, j'aurais aimé recevoir ce genre de témoignage.

Depuis sa création en 2001, *Bourdin & Co* provoque un vrai débat : de nombreux articles de presse m'accusent de « démagogie » et de « populisme ». Inquiets, les auteurs de ces articles en viennent à se demander s'il serait souhaitable que « le citoyen prenne le pouvoir ». L'hebdomadaire grand public *Paris-Match*[1] donne l'exemple en n'hésitant pas à assimiler notre émission à un « café du commerce », ajoutant à mon propos : « On l'imagine très bien derrière son comptoir... »

Cette expérience « café du commerce », je la vis au sens littéral et au jour le jour à RMC. Car je pratique mon métier les yeux et les oreilles grands ouverts, en regardant ce qui se passe autour de moi, en écoutant les uns et les autres et, surtout, en les observant assidûment.

Je suis même heureux de cette polémique et réponds à toutes ces accusations avec la plus grande sérénité : je pense qu'une émission comme *Bourdin &*

---

1. *Paris-Match* du 28 septembre 2006.

Co est une grande chance pour les journalistes parce qu'elle leur donne la possibilité de travailler encore mieux. En effet, par un manque flagrant de curiosité, ils ne cherchent plus suffisamment à innover, alors que l'auditeur, lui, nous emmène vers des idées inédites et nous pousse à aller voir ailleurs, différemment.

Dans le conformisme ambiant, il faut aussi faire attention à l'information officielle. C'est ainsi que les autorités nous annoncent, environ trois fois par an, la mort du terroriste Oussama Ben Laden. Bien sûr, depuis sa rédaction parisienne, aucun de nous n'a la possibilité de vérifier cette information, mais tous, sans nous poser la moindre question, nous la relayons.

Pourquoi, alors, ces accusations répétées de « café du commerce » ? Parce que la majeure partie des journalistes redoutent de ne plus être les seuls à détenir l'information. Au courant, introduits, se sentant « différents », ils ont développé une forme de condescendance envers l'opinion publique contre laquelle je me bats. C'est ainsi qu'un fort conservatisme prévaut au sein de cette communauté, le journaliste refusant de mettre en doute la « vérité » qu'il détient ou croit détenir.

Or, qui mieux que l'acteur ou le témoin peut la contester ? Voilà précisément ce que le journaliste d'aujourd'hui accepte difficilement. De plus, cette participation accrue du citoyen est une chance pour le journalisme. La radio, médium de l'instantané, de la proximité et de la spontanéité par excellence, me semble être dans son juste rôle lorsqu'elle donne la parole au citoyen.

Si certains y voient de la démagogie, ça m'est égal ! Je revendique pleinement ce que l'on me reproche, et je suis heureux d'être chaque jour derrière mon « comptoir imaginaire » pour partager ces moments du quotidien avec des gens simples, différents et s'exprimant sans détour.

Je crois qu'il faut maintenant expliquer concrètement le fonctionnement de l'émission quotidienne *Bourdin & Co*, du lundi au vendredi, de 7 à 11 heures. Le standard est dirigé par une équipe de jeunes, souvent des étudiants, sélectionnés pour leur capacité à être courtois et souriants (eh oui ! le sourire s'entend au téléphone !) ainsi que pour leur intérêt pour l'actualité.

Afin de recevoir les appels du 3216, le standard – et ce n'est pas un hasard – est au centre de la rédaction, tout près du studio. Devant leurs ordinateurs, les opérateurs demandent à la personne qui téléphone son âge, sa profession, l'origine géographique de l'appel et le sujet sur lequel elle veut intervenir. Ils font alors une pré-interview dont ils tapent le résumé à l'écran. Sur leur fiche technique, ils indiquent la qualité de l'élocution de la personne (très bonne, bonne ou moyenne), et la qualité de la ligne téléphonique, puis ils transmettent ces données au chef du standard, qui dispose de toutes les fiches des auditeurs. Ce dernier décide qui sera rappelé pour être diffusé en direct.

Pendant ce temps, je suis en studio, et j'ai en permanence sur mon écran d'ordinateur cinq, six ou sept auditeurs possibles présélectionnés par le chef du standard. Par une simple pression sur l'écran tactile, je décide quel interlocuteur je vais prendre en direct, comme celui que je vais stopper. Cette méthode me permet de faire se répondre deux ou trois personnes en même temps, elle offre souplesse et liberté de ton. Au timbre de la voix, aux premiers mots prononcés, je devine, en trois secondes, l'état d'esprit de celui ou de celle qui m'appelle.

Notre public rejette la pensée unique et je ne suis pas là pour imposer du « prêt-à-penser » : qu'elles soient de gauche ou de droite, d'extrême gauche ou d'extrême droite, toutes les opinions s'expriment, chacun dit ce qu'il a envie de dire et raconte ce qu'il fait. Je me mets toujours à la place de celui qui écoute, dans sa voiture, dans son atelier, à son travail ou chez lui. Même s'il ne nous appelle pas, l'auditeur participe au témoignage diffusé, il est d'accord ou pas, il proteste ou acquiesce, bref, il se sent concerné. Il vit passionnément ce qu'il est en train d'entendre, et c'est la force principale de notre émission.

Combien de fois m'a-t-on demandé si, en travaillant de cette manière, je ne craignais pas des débordements ! En trente ans de carrière, j'ai interviewé et fait passer à l'antenne des dizaines de milliers d'auditeurs et je n'ai connu que de très rares incidents, qui étaient plutôt du registre de l'anecdote. En 2005, par exemple, des auditeurs ont témoigné d'un léger tremblement de terre sur l'île d'Oléron. Parmi eux, Jeanine, une auditrice d'une soixantaine d'années, racontait d'une voix enjouée et avec une gouaille amusante qu'elle était en train de faire l'amour avec son mari lorsqu'elle avait senti la terre trembler et qu'elle avait « juste eu le temps de saisir la b... de [s]on mari ». J'étais un peu gêné, non parce qu'on ne parle pas de sexe à l'antenne, mais parce que ses mots étaient assez crus. Finalement, je me suis mis à rire en lui rappelant qu'on ne devait pas parler ainsi en direct.

Je m'en sors souvent par le rire et, surtout, le naturel, tout en rappelant aux auditeurs la règle intangible : on respecte la loi qui interdit tout propos raciste, discriminatoire ou obscène. Ils savent que je ne transige pas avec la loi.

Je voudrais répondre aux accusations de *Paris-Match* en rappelant les récentes unes, plus vraiment à la hauteur de ce qu'ont été les couvertures de ce grand journal, comme s'il avait perdu tout sens du grand reportage. Ainsi, en 2006 et 2007, les lecteurs de l'hebdomadaire ont pu admirer la chanteuse Arielle Dombasle quasi nue et la top-model Eva Herzigova enceinte, ou encore ont pu se passionner pour les problèmes conjugaux des deux principaux candidats à la présidence.

Aujourd'hui, à *Paris-Match*, il n'est pas très étonnant que de nombreuses photos soient monnayées, ainsi que des articles et des témoignages (la pratique de la négociation financière pour obtenir des images et du texte est, malheureusement, courante dans ce genre de presse), mais ce qui est plus triste c'est la conception du « grand reportage » de ce magazine. Certains sont tout simplement bidonnés. Par exemple, en janvier 2000, un reporter maison a prétendu s'être rendu en Tchétchénie, alors qu'il était dans la république voisine et que ses « témoignages » étaient tous de seconde main, voire inventés !

La plupart des autres newsmagazines ne font guère mieux, multipliant les unes convenues sur le logement, la franc-maçonnerie, ou sur Mozart ou Napoléon en fonction des anniversaires et des commémorations. Bref, la tentation de la démagogie touche tout le monde et le journalisme d'investigation à la française est trop souvent réduit à une peau de chagrin ! En

France comme ailleurs[1], les grands reportages sérieux et authentiques sont devenus rares, et les journaux qui se vendent le mieux sont des revues « people » comme *Voici*, *Gala*, *Public* et autres.

Seconde accusation : le « populisme ». Référons-nous à la définition exacte de ce mot. Selon le *Grand Robert de la langue française*, le populisme est « l'importance donnée aux couches populaires de la société (en art, en politique, etc.) ». Eh bien, je colle à cette définition : oui, je donne de l'importance aux couches populaires. Mal employé et galvaudé, ce mot, aujourd'hui, sous-entend presque toujours une méfiance envers le citoyen. Dans mon cas, c'est tout le contraire. Dès que quelqu'un sort du « politiquement correct » et des discours parisiens convenus, il est un populiste. Journalistes et politiques se retrouvent d'ailleurs sur ce terrain-là, n'acceptant pas que leurs privilèges soient remis en question. En février 2007, on a beaucoup commenté les bénéfices réalisés par la multinationale française Total pour l'année 2006. Certains ont avancé l'idée d'une taxation de ces superprofits. Immédiate-

1. Sauf aux États-Unis où, malgré tout, de grands magazines comme *The New Yorker*, *The New York Times Magazine*, *The Atlantic Monthly*, ou encore *The New York Review of Books* accordent une réelle place aux reportages, sur de longues pages.

ment, le P-DG de cette entreprise a qualifié cette idée de « populiste ».

*

Ma première « recette » est de faire confiance au bon sens du public. Certes, tout le monde est subjectif, mais lorsqu'un auditeur raconte comment il vit au quotidien avec le SMIC, il s'agit bien d'une réalité, la sienne. Il en est de même lorsqu'un petit chef d'entreprise me confie ses difficultés parce qu'il doit faire face à trop de charges. Il faut accepter d'entendre et d'écouter ce que les auditeurs disent. Je me fie à leur discernement et à leur témoignage plutôt que d'émettre un doute *a priori* sur ce qu'ils vont me dire. Mais j'ai surtout un véritable plaisir à être à leurs côtés, à les écouter.

Pourquoi s'évertue-t-on à ne pas faire confiance à l'opinion publique ? C'est une question que je me pose en permanence. Et je me demande si le changement (économique, sociétal, politique) tant désiré par l'opinion publique ne pourrait pas finalement venir d'une pression de cette dernière. C'est pourquoi l'un de nos slogans préférés à RMC est : « Maintenant c'est là que ça se passe. » Qu'est-ce que cela veut dire ? Tout simplement que, sur notre antenne, les auditeurs-citoyens ont tout loisir de s'exprimer longuement et en toute liberté.

Cette présence permanente de l'auditeur correspond à une réalité : j'aime les gens. Quand on présente une émission « citoyenne », c'est une condition *sine qua non*, mais c'est loin d'être toujours le cas. Si le présentateur se force, l'auditeur ou le téléspectateur s'en rend compte et adapte immédiatement son discours. C'est à l'antenne de RMC, derrière mon « comptoir » virtuel, que j'ai découvert l'art de la conversation. Pour qu'elle soit constructive, il faut surtout ne pas humilier ni infliger de défaite à l'autre, sinon il n'y a plus de dialogue. Les auditeurs ne sont en aucun cas des prétextes : il faut savoir les écouter et leur faire confiance, ils ont beaucoup de choses à nous apprendre. La réalité de la vie, c'est eux, alors arrêtons d'assener des vérités d'en haut !

La seconde recette est de s'abstenir de porter un jugement. La radio est attentive, mais elle ne doit pas juger. Pour que l'interactivité fonctionne et que les auditeurs soient satisfaits, il ne faut jamais porter de jugement sur leur comportement ou leur attitude. On peut dire à un auditeur : « Je n'aurais pas agi de la même manière », mais on ne peut pas lui dire : « C'est bien », ou « Ce n'est pas bien ». Je passe quatre heures par jour à écouter des gens avec lesquels je ne suis pas forcément d'accord, mais je n'ai pas à m'exprimer à ce propos.

S'il m'arrive exceptionnellement de donner mon avis, c'est toujours sur des sujets peu importants. Aux États-Unis (d'où vient le concept de notre émission), il existe de très célèbres *talk-shows* où l'animateur prend position de façon très tranchée : il est détesté par soixante-dix pour cent des auditeurs et adulé par les trente pour cent restants. J'ai, bien sûr, envie de toucher le plus grand nombre – ce serait un mensonge de le cacher – et j'assume cette affirmation, mais pas au prix de n'importe quelle provocation. Ce qui m'intéresse, c'est avant tout la variété des témoignages, libérant esprits et énergies, comme s'il y avait un rôle quasi civique à ce genre d'émission et que, grâce à la magie de la radio, on retrouvait l'*agora* grecque, cette expression publique aujourd'hui un peu étouffée.

Ainsi que l'a rappelé un article du *Monde*[1], mentionnant la présence accrue des auditeurs dans les matinales de toutes les radios, jamais les auditeurs n'ont autant témoigné et débattu sur les ondes radiophoniques. Car ce qui est vrai pour RMC l'est aussi

1. Bertrand Legendre, « Les auditeurs s'emparent des matinales », in *Le Monde*, 24 septembre 2006.

pour RTL, mais également pour Europe 1 et un peu moins pour France Inter. Selon ce journaliste, « il n'y a d'ailleurs que France Culture pour résister à cette vogue de l'interactivité. Une singularité qui donne à ses *Matins* une tonalité sépia, rassurante. Sortis du même moule, rue d'Ulm, Sciences-Po et dépendances, ses chroniqueurs attitrés tiennent vaillamment leur rôle : l'althussérien repenti, le social-démocrate de toujours, l'ex-soixante-huitard, le néo-aronien... Ils donnent surtout le sentiment que leur brillant babillage est figé pour l'éternité ».

Qui critique cette nouvelle situation ? Justement, des journalistes conservateurs, à la pensée « politiquement correcte », devenus de véritables institutions, figés dans leurs habitudes, ou alors de pseudo-intellectuels nourris dans un certain cadre de pensée et qui ne parviennent pas à s'en extraire. Avec la fin de la guerre froide, ils ont davantage de mal à se positionner et paraissent perdus devant le pragmatisme. Mais une émission comme la mienne, c'est le pragmatisme par excellence !

Je ne partage absolument pas l'avis de Jean-Pierre Elkabbach, journaliste et patron d'Europe 1, selon lequel « l'auditeur ne doit pas se substituer au journaliste. [...] À Europe 1, ce ne sera ni le pouvoir des notables, ni le pouvoir de la rue », pouvait-on lire en conclusion de l'article du *Monde*. Mais lorsqu'on donne la parole aux gens, il ne s'agit pas de donner le pouvoir à la rue, mais seulement d'éviter le « prêt-à-penser » qui nous guette tous.

C'est grâce au citoyen que nous y parvenons. On l'accuse de « prendre le pouvoir », mais cette affirmation est ridicule car en allant voter, il a déjà le pouvoir... Il ne faut pas accorder une importance démesurée à ce qu'il nous dit, c'est une question de juste mesure ! Et le travail d'enquête et de recoupement du journaliste demeure le complément du témoignage.

De plus, les citoyens-auditeurs sont partout, ce qui n'est pas le cas des journalistes, trop souvent enfermés dans leurs rédactions. Le journaliste qui prend la peine d'aller sur le terrain, que ce soit à Bagdad ou en banlieue parisienne, raconte ce qu'il voit et transmet l'information, complétée par les témoignages de ceux qui ont assisté à l'événement. Je ne vois pas en quoi cela remet en question son travail de journaliste !

Pour que l'alchimie fonctionne, il doit y avoir une véritable connivence entre celui qui est à l'antenne et les auditeurs. Alain Weill se souvient de RMC à la dérive, abandonnée par ses actionnaires, qui perdait chaque année beaucoup d'argent. C'est aujourd'hui une station qui compte, et les sondages sont en constante progression depuis que nous travaillons ensemble. Ce succès n'est pas un hasard ! C'est comme dans un stade, lorsque le match de football est bon, les spectateurs applaudissent ; s'il est mauvais, ils sifflent !

*

Plaidoyer en faveur du témoignage.

Depuis toujours, le citoyen témoigne et le journaliste rapporte. Aujourd'hui, ce qui a changé, c'est que le témoignage est de plus en plus direct et qu'il utilise de moins en moins le filtre du journaliste, même s'il est toujours indispensable d'expliquer le « pourquoi » et le « comment ». Avant tout, que demande-t-on au journaliste ? De la sincérité et de l'honnêteté. L'objectivité n'existant pas, il se doit d'être respectueux des avis et des expériences des uns et des autres, dans la plus grande tolérance.

Le témoignage initial est essentiel, et il en induit d'autres, tout aussi poignants, selon le processus bien connu de l'identification. Que recherche-t-on ? Ce qui s'est passé. Et le témoignage, justement, apporte détails et explications, donc il est utile. Lorsqu'un premier auditeur se met à témoigner, d'autres témoignages suivent et la parole est comme libérée. Par exemple, sur des sujets de société comme celui, ardu s'il en est, des femmes battues, si une femme violentée entend une histoire similaire à la sienne, si elle se reconnaît dans ce qu'elle vient d'entendre, elle éprouve souvent l'envie de relater et de faire partager ce qu'elle a elle-même enduré. Cette somme d'informations nouvelles ajoute de la vérité et de la matière au sujet traité et, pour le journaliste, c'est une chance.

Plaidoyer en faveur d'une interactivité toujours plus grande.

L'interactivité est un exercice positif qui redynamise les rédactions, permet de se remettre en question et stimule la curiosité et l'audace, base de notre métier, quand la plupart des salles de rédaction tombent souvent dans la routine. Un exemple parmi d'autres : la période du baccalauréat. Comment, chaque année, les médias illustrent-ils cette épreuve ? À peu près tous de la même manière. D'abord, ils ne pensent jamais au bac professionnel, oublient la variété des filières et, notamment, le nombre croissant des élèves dans les filières technologiques. On tourne toujours le même reportage dans un lycée lambda. C'est la même chose pour la rentrée scolaire ou la semaine de quatre jours... Dans le jargon journalistique, ces sujets s'appellent des « marronniers », et on y succombe chaque année sans se poser la moindre question.

N'oublions pas que, dans *interactif*, il y a *actif*: l'auditeur a un métier, une occupation, des problèmes dont il décide de parler, qu'il fait partager. Il témoigne de ses difficultés, de ses espoirs, de son degré de confiance en l'avenir, ou de ses convictions, tout simplement. Il n'est jamais aussi bon que lorsqu'il raconte ce qu'il vit ou ce qu'il a vécu ; il l'est moins lorsqu'il livre son avis. Mais quand il décide de provoquer le débat, cela devient intéressant car le journaliste, arbitre et modérateur, se doit d'ouvrir des perspectives et un espace de liberté.

L'interactivité permanente nous oblige à être en direct et à l'affût de l'actualité. J'ai la chance de travailler avec une équipe très jeune, qui m'apporte beaucoup. Voilà une différence essentielle, je crois, entre RMC et ses concurrentes : chez nous, tout est en direct, nous sommes authentiques, et c'est quelque chose de fort. RMC nouvelle mouture, c'est comme une nouvelle vie, et nous n'avons aucune honte à affirmer cette volonté d'être constamment aux côtés des Français dans leur vie quotidienne.

Le développement rapide de cette nouvelle interactivité tient aussi à des raisons technologiques : il y a encore une dizaine d'années, le public ne réagissait qu'à partir de lignes téléphoniques fixes ; aujourd'hui, non seulement il y a les téléphones mobiles, mais aussi les textos, les courriels (j'en reçois plusieurs centaines par jour, je les lis tous, dont certains, parfois, à l'antenne, ce qui provoque des réactions immédiates), et le blog (là aussi, le dialogue s'est instauré, et même si je ne peux répondre à tous les commentaires, je m'efforce de les lire !).

En Corée-du-Sud, depuis 2000, un journal sur Internet tient le haut du tableau : où qu'ils soient, les lecteurs-citoyens ont la possibilité d'envoyer leurs propres images et reportages[1] édités et mis en ligne par une équipe de journalistes. Partout, des images vidéo ou enregistrées par des téléphones portables, toujours à portée de main, se multiplient[2]. En Grande-Bretagne, une agence de presse s'est spécialisée dans leur diffusion. Et n'oublions pas la popularité mondiale de U-Tube, un site de partage de vidéos en ligne qui rémunérera bientôt les citoyens qui auront envoyé leurs vidéos, comme le sont déjà les rédacteurs de ohmynews.com.

Si la participation du citoyen à la fabrique de l'information est manifeste, il serait aberrant que les journalistes s'en offusquent, car leur spécificité

1. www.ohmynews.com, en coréen et en anglais.

2. En avril 2007, au moment de la tuerie sur le campus américain de Virginia Tech. Le « testament » du tueur a d'ailleurs été envoyé sous forme vidéo à une grande chaîne de télévision, NBC, qui a opté pour la diffusion.

même, ce qui fait leur valeur ajoutée – à savoir le tri et la hiérarchisation de ces informations – subsiste, voire prend de l'ampleur. On aura toujours besoin de journalistes, et ce qui se passe avec ce journal coréen, rapidement devenu numéro un des ventes, n'est pas grave. Bien au contraire, ce journal a rapidement dû embaucher des journalistes pour vérifier les informations et les compléter.

Par exemple, quand on décide de confronter un homme politique aux auditeurs, comme nous le faisons sur RMC depuis 2002, on épouse cette tendance. Le mérite de ce genre d'émission est de décrisper un pays. Cela permettra aussi, à long terme, d'influer sur le fonctionnement des institutions et, peut-être, d'éviter de légiférer à tour de bras. Car la France est sans doute l'un des pays au monde où l'on vote le plus de lois : chaque homme politique « qui compte » a envie d'en faire passer une portant son nom.

Or, une plus grande présence de l'opinion publique modère justement les ardeurs de ceux qui ont envie de légiférer à tort et à travers. Enfin, la tendance à la participation active du citoyen constitue une chance pour les écoles de journalisme : tout en incitant leurs élèves à se remettre en question et à étudier ces nouvelles technologies, elle les invite à écouter le lecteur, auditeur ou téléspectateur, donc à faire du véritable travail de journaliste, en profondeur.

Bourdin & Co aide aussi à lutter contre le spectre du communautarisme. Nous vivons dans une société où le regroupement par communauté est sans cesse encouragé : couleur de peau, préférences sexuelles, générations, etc. *A contrario*, dans notre émission, la mixité est totale : une femme de soixante ans qui vit à Pau peut se retrouver à discuter avec un jeune Parisien de vingt-six ans ; un Français d'origine maghrébine dialogue avec un Suédois vivant en France depuis deux ans ; un chef d'entreprise écoute parler une femme de ménage, etc. Tout le monde est sur un pied d'égalité.

On pourrait même concevoir une émission pour gauchers ! Je suis fermement contre cet état d'esprit, qui me rappelle l'hypocrisie de la « discrimination positive ». Si l'on est français, on est français, quelle que soit son origine. N'encourageons pas la discrimination positive en imposant, par exemple, des quotas dans tel ou tel domaine. Car tout quota est un signe de faiblesse.

Si la République est ouverte et fraternelle, comme elle doit l'être, chacun a une chance de réussir. On me rétorquera que ce n'est pas la réalité d'aujourd'hui, mais c'est avant tout une question de volonté politique et, surtout, d'état d'esprit. Jusqu'à présent, personne n'a encouragé les Français à regarder franchement, avec sérénité, celui qui n'a pas la même origine, qu'elle soit ethnique ou sociale. Pour moi, il faut savoir oublier les différences, alors que la « discrimination positive » les souligne.

Dans cet exercice du rapport quotidien avec l'auditeur, il y a une autre limite, celle de la dénonciation qui, parfois, affleure dans les propos de mes interlocuteurs. Gare à ne pas ouvrir cette porte ! Quand un auditeur commence à me dire qu'il a vu ou entendu telle ou telle chose qui se passait chez son voisin, ou qu'il a constaté les agissements de telle personne, n'hésitant pas à donner le nom, je coupe court immédiatement. « Cette antenne n'est pas faite pour cela », suis-je sans cesse en train de répéter. L'arbitre laisse le jeu se dérouler dans les règles et détient une forme d'autorité. Pour maîtriser la parole, il faut intervenir.

Combien de fois, également, avons-nous recueilli les témoignages de femmes et d'hommes qui n'avaient pas accepté de parler à la police par peur de représailles, mais qui, néanmoins, étaient désireux de s'exprimer. Lors de faits divers dans des cités, ou ailleurs, des voisins, des passants nous appellent car ils ont envie de raconter ce qui s'est passé, ce qu'ils ont vu, mais ils renâclent à parler à la police.

Il est même arrivé – très rarement, cependant – que nous soyons sollicités pour donner aux autorités policières les noms de ceux qui avaient appelé. Je m'y suis toujours opposé : n'étant pas un auxiliaire de justice, je ne travaille pas pour la police. En tant que journaliste, jamais je ne donnerai mes sources. Parfois, nous sommes aussi sollicités par d'autres médias qui ont entendu tel ou tel témoignage sur nos ondes, et, là non plus, nous ne donnons jamais les coordonnées de l'auditeur, par respect pour lui et pour conserver son anonymat. En retour, il ne me viendrait pas à l'esprit de m'enquérir auprès d'une chaîne de télévision du nom et du numéro de téléphone d'un témoin afin de l'utiliser sur mon antenne. Je ne vais pas me faire que des amis en disant cela, mais c'est comme ça !

Combien de fois, enfin, avons-nous reçu des informations utiles grâce aux auditeurs ! Cela arrivait aussi lorsque je travaillais à RTL, mais pas avec la même fréquence, ni la même ampleur. L'auditeur, alors, ne semblait pas avoir le réflexe d'appeler pour signaler un événement qui venait de se passer. Ainsi, à RMC nous disposons d'une *hotline* sur laquelle les auditeurs peuvent nous donner une information, laquelle est transmise à la rédaction et vérifiée avant d'être diffusée. Ils nous informent s'il y a de la neige sur la route, du mauvais temps dans une région particulière, ou encore nous préviennent d'un hold-up. C'est un excellent réflexe car, très fréquemment, nous disposons d'informations inédites, reprises ensuite par une dépêche de l'Agence France Presse. C'est toujours la même idée : faire participer l'auditeur au programme. Car l'interactivité n'est pas à sens unique, il faut que, des deux côtés, nous soyons actifs !

*

Notre seul but, à RMC, est d'ouvrir tous les débats, et c'est ce que nous avons fait, par exemple, lors des émeutes populaires de l'automne 2005. À cette occasion, nous avons choisi de laisser les auditeurs s'exprimer librement, surtout ceux qui étaient les plus concernés, c'est-à-dire les habitants des quartiers en proie aux troubles. J'ai recueilli de très nombreux témoignages, allant du CRS épuisé après de nombreuses nuits passées dans ces quartiers à « prendre des pierres sur la gueule » tout en s'efforçant de ne pas répliquer, à celui d'un habitant racontant les contrôles de police abusifs, en passant par celui du quidam qui, juste avant de partir au travail, constatait que sa voiture avait brûlé et découvrait ensuite auprès de son assurance qu'il n'était pas protégé contre ce genre de dommage ! J'ai eu aussi des témoignages de casseurs qui avaient affronté la police.

Lors de ces émeutes, pas un des soi-disant « grands reporters » des rédactions les plus sérieuses n'est allé s'installer en banlieue (ou alors, trop peu de temps et trop tard) pour essayer de comprendre ce qui s'y passait, comme si c'était déchoir que d'aller faire du reportage au-delà du périphérique parisien ! Les seuls à avoir eu le bon réflexe journalistique, à s'y être installés « pour de vrai », sont des Suisses qui, en créant le Bondy Blog[1], nous ont donné une leçon de journalisme bien méritée. Car une enquête de fond nécessite du temps et un enracinement sur place, comme cela devrait aussi être le cas lors des reportages à l'étranger. J'ai été frappé par le manque d'initiative de la presse française à ce moment-là.

Pour RMC, ces émeutes ont été révélatrices et j'ai reçu des milliers d'appels téléphoniques, de toute nature. Grâce aux auditeurs, nous étions constamment au cœur de l'événement. Les avis étaient souvent tranchés, mais il était édifiant d'entendre les questions posées. Ces témoignages nous ont permis d'envoyer des reporters là où nous ne serions jamais allés si nous n'avions pas eu l'information.

C'est ainsi que nous sommes allés constater les dégâts et recueillir les témoignages de chefs d'entreprise dont les entrepôts avaient été détruits. Nous avons aussi écouté avec émotion des conducteurs de bus dont le véhicule avait brûlé, ils nous expliquaient

---

1. Serge Michel, *Bondy Blog, des journalistes suisses dans le 9.3*, Éditions du Seuil, 2006.

leur ras-le-bol et leur peur, disaient pourquoi ils souhaitaient changer d'itinéraire. Quant aux politiques, ils nous ont abreuvés de grandes déclarations qui n'ont pas été vraiment suivies d'effet, ils ont distribué de l'argent à des associations et engagé quelques initiatives ici ou là.

En revanche, on s'est aperçu qu'il y avait au niveau municipal des acteurs indispensables sur le terrain, dans les cités sensibles. Pour calmer le jeu, le rôle des maires a été essentiel. Selon moi, il faut absolument faire revenir le service public dans les banlieues et les quartiers défavorisés ; il faut davantage de commissariats de police de proximité, de « maisons de l'emploi » et d'écoles, car ces quartiers sont délaissés et les commerces s'en vont.

Or, si l'autorité de l'État est assurée, cette vie-là reprendra. Les agents de l'État présents dans ces quartiers doivent être beaucoup mieux payés. Pendant la campagne électorale, j'ai été très déçu de la façon dont ces sujets étaient traités : on considère le problème depuis Paris, alors qu'il faudrait agir et travailler sur le terrain. C'est toujours la même chose : on trouve des solutions *a priori* puis on voit comment les appliquer ensuite. C'est le contraire qu'il faudrait faire.

Par exemple, pourquoi ne pas réunir tous les maires et les responsables des principales associations des quartiers concernés pour des « états généraux des quartiers » ? Pendant la campagne électorale, Nicolas Sarkozy[1] a eu toutes les peines du monde à se rendre dans ces quartiers difficiles, en raison des déclarations maladroites qui avaient contribué à les enflammer. Le candidat de l'UMP a aussi déclaré que, dans ces quartiers, il y avait des voyous et qu'il fallait les mettre en prison – ce qui est la base même de l'autorité de l'État –, afin de permettre à la majorité des honnêtes gens de vivre normalement. C'est bien le rôle de l'État que d'assurer cette fonction. Cependant, par faiblesse et par manque de courage politique, ou de courage tout court, on a trop longtemps laissé ces zones en déshérence.

Une fois les émeutes dans les banlieues passées, s'est ensuivi le débat très franco-français sur le fait de savoir s'il fallait en parler. C'est quand même un comble ! Notre antenne n'a pas fait exception, et j'ai eu droit à des échanges enflammés entre les auditeurs, les uns souhaitant qu'on en parle, les autres rétorquant que cela encourageait les casseurs et attisait le feu.

Ma position est ferme : on peut traiter de tout avec franchise, tout dépend de la manière dont on en

---

1. Élu président de la République au second tour le 6 mai 2007, avec 53,06 % des voix.

parle. Si l'on envoie une équipe de télévision filmer trois voitures en flammes qui passeront au journal de 20 heures et que l'on résume la crise des banlieues à des affrontements entre bandes de jeunes et à des véhicules qui brûlent, il est évident que les médias ne remplissent pas leur rôle. Mais, si l'on parvient à donner la parole à tous les acteurs de ces affrontements, quels qu'ils soient, on permet à chaque citoyen de se faire une idée précise et détaillée de ce qui se passe et de réfléchir ainsi sur l'état de notre société.

Je souhaiterais comparer notre traitement médiatique de ces événements avec celui des émeutes de Los Angeles, en 1992, dont les médias n'avaient pas hésité à parler abondamment tout en faisant un travail de fond. On montrait les images, mais on tentait aussi de les expliquer, de les commenter, de les décrypter, et on cherchait les sources du malaise. Je ne résiste pas à la tentation de mentionner le traitement de la guerre en Tchétchénie par les médias russes. L'armée fédérale sur place a commis nombre d'atrocités, elle n'accepte aucun média indépendant et préfère, justement, qu'il n'y ait pas de témoin afin que la couverture s'amoindrisse et qu'on montre la « normalisation » en cours. Anna Politkovskaïa[1], la

1. Journaliste à l'hebdomadaire *Novaïa Gazeta*, un des rares hebdomadaires indépendants russes, Anna Politkovskaïa a été

seule journaliste russe à avoir inlassablement dénoncé cette guerre, l'a payé de sa vie.

Je vis avec une femme grand reporter qui sait parfaitement ce qu'induirait l'absence de journalistes dans des régions difficiles, en Irak par exemple. Il ne nous resterait que les informations des services de presse des armées sur place, qui font déjà merveilleusement bien leur travail de censeur ! Alors, faut-il cultiver le huis clos ou, au contraire, tout montrer ? Préfère-t-on une vision unilatérale des choses ou celle, forcément différente, de journalistes qui vont sur le terrain affronter la complexité de la réalité ? Il me semble que ces journalistes-là sont indispensables à la bonne marche de notre société ; ainsi, ne craignons pas de montrer les images des banlieues qui brûlent, et expliquons le pourquoi et le comment.

RMC a également ouvert le débat à l'occasion de la campagne pour l'élection présidentielle du printemps 2007.

Certains médias se sont encore demandé s'il fallait accorder au candidat de l'extrême droite, Jean-Marie Le Pen, la même place qu'aux autres. La question se pose toujours lorsqu'il s'agit de Le Pen. Or, on a vu le

---

assassinée le 7 octobre 2006. Près d'un an plus tard, ce meurtre n'a toujours pas été élucidé.

résultat en 2002 : après avoir été diabolisé et ostracisé pendant des décennies, tout le monde est tombé des nues en constatant qu'il arrivait au second tour de l'élection présidentielle ! Comme si on avait découvert, à ce moment-là, que des Français votaient FN par conviction, ou par rejet de la classe politique et de la société dans laquelle on voulait les « forcer » à vivre.

Je souhaite que l'on traite Le Pen exactement comme les autres candidats, ni plus ni moins, qu'on l'interroge sur ce qu'il propose ou ne propose pas, de façon à le faire entrer dans le jeu démocratique, lui qui veut toujours ne pas en être. Et lorsqu'il s'est agi de lui donner une heure d'antenne, comme aux autres hommes politiques, je n'ai pas hésité une seconde, et nous la lui avons accordée en décembre 2006.

Quelques années auparavant, j'avais découvert en lisant une dépêche de l'AFP que Tony Blair avait « remplacé » un animateur de radio londonien en prenant l'antenne pendant une heure. Il avait lancé la météo et les informations, et avait dialogué avec les gens. Je m'étais dit qu'on devrait importer ce concept en France, ce que nous avons fait au printemps 2004. Sans hésiter une seconde, Dominique Strauss-Kahn a été le premier à essuyer les plâtres de cette nouvelle formule.

Se sont alors succédé à l'antenne Dominique de Villepin, Nicolas Sarkozy, Ségolène Royal, François

Bayrou, François Hollande et d'autres, avec plus ou moins de bonheur, d'adresse et de brio. Si elle n'est pas très intéressante sur le plan du contenu journalistique car il n'y a pas de relance, cette formule est révélatrice de la relation entre l'homme politique et l'auditeur. L'auditeur pose une question, souvent très pertinente, à laquelle l'homme politique répond plus ou moins, sachant qu'il ne sera pas relancé. Le dialogue est trop bref, mais on repère immédiatement celui qui est à l'aise avec les gens, qui les prend en considération et les écoute, et celui qui est empreint d'une certaine condescendance. Je ne vais pas donner des noms ni des notes, mais cette différence de comportement est évidente car l'émission est faite justement pour la souligner, les auditeurs le savent.

En découvrant la difficulté du dialogue direct, imprévu, naturel, avec l'auditeur, la plupart de ces hommes politiques redeviennent comme des enfants et sont parfois mal à l'aise. Même les députés, qui ne reçoivent pour ainsi dire que des gens « de leur bord » ou des demandes d'intervention, ne sont guère habitués à être confrontés à la diversité des opinions.

Combien de fois, pendant une pause – ne serait-ce que de quelques secondes –, ces hommes politiques se sont tournés vers moi pour me demander comment ils étaient et ce qu'ils devaient faire pour s'améliorer ! J'essaie toujours de les encourager à dialoguer davantage, à avoir deux auditeurs en même temps à l'antenne, à poser des questions simples du genre : quel est le travail de l'auditeur, d'où il vient, etc. Il me semble que l'homme politique devrait s'intéresser davantage à ses électeurs, voire apprendre d'eux ; ça me paraît le fondement même de la politique... Le problème, c'est que la politique est devenue une affaire de communication !

Je m'en suis d'ailleurs vraiment rendu compte pendant la dernière élection présidentielle, puisque Ségolène Royal et Nicolas Sarkozy, les deux principaux candidats, ont été plus difficiles à inviter que les autres. Dès que leur popularité était un peu en baisse dans les sondages, ils accouraient. Et la cour que ces personnages politiques font à certains journalistes est toujours fonction de leur courbe d'audience dans les sondages. En d'autres termes, plus la radio prend de l'importance, plus ils sont prompts à répondre à nos invitations, voire à les solliciter ! Tout cela est assez ridicule. Nicolas Sarkozy a été le plus difficile à inviter, sans doute parce que, pendant cette campagne, sa communication a été excessivement bien maîtrisée.

J'ai d'ailleurs été obligé de révéler tous ces éléments à l'antenne, les auditeurs s'étonnant que nous tardions à le recevoir. Je leur ai aussi franchement dit – et cela change des habitudes journalistiques dans ce pays – que Nicolas Sarkozy, pendant un temps, ne répondait tout simplement pas à notre invitation. Jusqu'au jour où, ses sondages ayant un peu baissé, j'ai reçu un coup de fil de son directeur de la communication qui proposait qu'il vienne très rapidement.

Je considère de la même manière un auditeur-citoyen et un homme politique. À RMC, ils sont mis sur le même plan, et je n'ai ni plus ni moins de considération pour un auditeur lambda que pour un homme politique intervenant dans mon émission. Quand le candidat Le Pen est venu à RMC, la presse[1] a polémiqué sur la nécessité de lui avoir accordé une heure entière, comme aux autres. Mais je ne vois pas pourquoi on le traiterait différemment et je m'étonne de ce qui pourrait apparaître comme une forme de discrimination. On doit pouvoir poser des questions précises à Jean-Marie Le Pen, avec lequel il vaut mieux ne pas entrer dans la polémique, car c'est la meilleure façon de rater son interview. Au contraire, il faut rester sur ses propositions, et le forcer à détailler ce qu'il veut pour la France au quotidien.

En laissant l'opinion publique s'exprimer chez nous tous les matins, nous donnons une impulsion et obligeons les hommes politiques à nous écouter

---

1. Christiane Chombeau, Martine Delahaye et Sophie Landrin, in *Le Monde,* « Le Pen sans filtre journalistique », dimanche 26, lundi 27 novembre 2006.

et à réagir. RMC se doit d'être toujours dans ce mouvement-là, voire à l'origine de ces pressions. Car les cabinets ministériels et autres représentants des autorités politiques et de l'État nous écoutent : combien d'appels ai-je reçus de députés qui attendent, comme les autres, qu'on leur donne la parole ! Parfois ce sont des maires, voire des ministres.

Pour ne citer qu'eux, Jean-Marc Ayrault, maire de Nantes, Bernard Accoyer, président de l'Assemblée nationale, Jack Lang au parti socialiste, les gens du Front national et François Bayrou lui-même écoutent *Bourdin & Co*. Tous sont intéressés par ce que disent leurs concitoyens. Un système tout entier est en train de se modifier et RMC accompagne ce mouvement. Pendant la campagne présidentielle, Nicolas Hulot, citoyen engagé dans la cause environnementale et soutenu par des millions de Français, a proposé son Pacte écologique, qui a trouvé un vaste écho sur notre antenne. Qu'ont fait tous les candidats ? Ils se sont précipités pour le signer.

Autre exemple : pendant l'hiver 2006-2007, l'association Les Enfants de Don Quichotte a installé des sans-abri dans des tentes le long du canal Saint-Martin, à Paris. Quelques reportages ont été diffusés à la radio (notamment sur RMC), à la télévision, puis ont été publiés dans la presse écrite. Réaction immédiate des candidats à la présidentielle : ils se sont prononcés en faveur du « droit au logement opposable », une loi qui a été votée dans l'urgence, sous la pression des médias et de l'opinion publique.

*

Enfin, le journaliste moderne a l'obligation de se poser de nouvelles questions. Tandis que les sources d'information se sont multipliées, nous ne savons plus regarder le monde qui nous entoure et manquons parfois terriblement de curiosité.

L'opinion publique fait de plus en plus pression sur les politiques, par le biais notamment d'Internet qui, au-delà des rumeurs folles, produit parfois des informations réelles et intéressantes. C'est non seulement complémentaire de la radio que nous faisons, mais aussi l'exemple même d'une démocratie vivante. Décidons en France, comme dans les pays Baltes, que, après la signature d'une pétition par un million de personnes sur Internet, le sujet soit débattu entre les représentants du peuple. Voilà qui serait digne d'une véritable démocratie de terrain, vivante et sans chichis ! Ce pourrait être aussi une nouvelle façon de remettre en cause les prérogatives des hommes politiques. Y sont-ils prêts ?

Je regrette d'ailleurs que, pendant cette campagne présidentielle, nous n'ayons pas suffisamment abordé le sujet de la réforme des institutions, qui me paraît indispensable, à en juger par ce que disent les Français. Ainsi, à propos de la durée et du nombre des mandats en France, où il y a trop d'élus. Nous sommes les champions toutes catégories du cumul. Regardons les chiffres : en Allemagne, seulement 10 % des parlementaires cumulent, 13 % en Grande-Bretagne, 15 % en Espagne, 16 % en Italie et, tenez-vous bien, 83 % en France ! Peut-être pourrait-on réfléchir à la suppression du département. Je prends l'exemple de la Corse, un territoire de 220 000 à 250 000 habitants, divisé en deux départements, avec deux préfectures et plusieurs sous-préfectures. Quelle gabegie ! Quelles dépenses inutiles !

Cependant, pour des raisons de clientélisme, aucun homme politique[1] ne propose ces réformes-là. Dommage... Enfin, pour rendre la démocratie plus vivante, l'introduction d'une dose de proportionnelle dans notre système électoral serait la bienvenue. Je me fais l'écho de ce que me disent les auditeurs, jour après jour.

On est aussi en droit de se demander comment le citoyen peut être un spectateur impartial. Si ses intérêts directs ne sont pas en jeu – mais ils le sont la plupart du temps –, cela me semble possible. Pour rester impartial, le citoyen doit essayer d'échapper à ses

1. À l'exception de François Bayrou.

passions et à ses préjugés. Là est justement le rôle du journaliste, qui consiste à prendre en compte la subjectivité de son interlocuteur et à continuer à faire son métier en recoupant, vérifiant et enquêtant.

Le journaliste peut-il être neutre, ou doit-il parfois se transformer en journaliste-citoyen, voire engagé ? Je pense qu'aucun journaliste n'est vraiment objectif, car l'objectivité n'existe pas : en raison de leurs sentiments personnels, de leur culture, de leur éducation ou de leurs repères, tous les journalistes ont une part de subjectivité. Un journaliste américain, par exemple, n'a pas la même grille de lecture à propos de la « guerre contre la terreur » au Moyen-Orient qu'un journaliste saoudien, iranien, palestinien, voire israélien. Cette différence est immédiatement perceptible quand on compare les couvertures de la guerre en Irak sur la chaîne satellitaire américaine CNN et sur la chaîne qatarie Al-Jazira. Ce pluralisme est nécessaire, voire indispensable, et offre une grande richesse.

Pour moi, un journaliste peut être en droit de s'engager sur certains sujets graves concernant la collectivité tout entière, comme les questions d'environnement. Il peut également le faire lorsqu'il constate une injustice flagrante, ainsi lors de l'affaire d'Outreau[1].

---

1. L'affaire d'Outreau est une affaire judiciaire qui a débuté par un procès aux assises du 4 mai au 2 juillet 2004 et s'est

Pendant ce procès en appel, on a abondamment glosé sur le non-professionnalisme des juges qui avaient commis des erreurs, mais pourquoi n'a-t-on rien dit des journalistes qui avaient suivi et rapporté aveuglément les conclusions dudit juge ? Quel manque de courage flagrant de la part de la communauté journalistique qui n'a pas osé mettre en doute les témoignages des enfants, ou qui l'a fait trop tard !

Un journaliste peut aussi s'engager lorsque la vie d'une personne est en danger, en lançant un appel à une greffe de moelle osseuse, ou à l'occasion d'une catastrophe naturelle. Je me souviens de ce que nous avons fait pendant les inondations de septembre 2002 à Alès. Nous sommes allés sur place, nous avons ouvert notre standard, mis notre antenne à la disposition des auditeurs et relayé les nouvelles. Grâce aux témoignages, on a pu aider certaines personnes. C'est ainsi qu'un homme qui avait perdu sa maison et n'avait plus de nouvelles d'un cousin a retrouvé celui-ci par l'entremise de RMC. Ils avaient tous deux témoigné, séparément, sur notre antenne.

---

ensuivie par un procès en appel à Paris en novembre 2005. Elle a suscité une vive émotion dans l'opinion publique pour avoir mis en évidence les dysfonctionnements du monde politique, de l'institution judiciaire et des acteurs sociaux, notamment dans la lutte contre la pédophilie et les cas d'abus sexuel sur mineur.

Enfin, quels doivent être le rôle et la juste place du journaliste face aux politiques ? Nous venons de vivre une année très politique, pendant laquelle j'ai essayé d'être équitable, ce qui n'était pas toujours facile, la campagne ayant embrasé les passions et mis en avant les esprits partisans. Pendant ces longs mois, j'ai souvent eu l'impression que l'auditeur pensait que nous étions forcément contre si nous n'étions pas d'accord, alors que, pendant nos débats à l'antenne, j'ai essayé de faire en sorte que la discussion se poursuive en respectant les arguments des uns et des autres.

Chaque fois que je recevais un candidat, quel qu'il soit, les réactions critiques pleuvaient, m'accusant de favoriser mon invité. Le 25 janvier 2007, quand j'ai reçu Ségolène Royal, les appels des partisans de Nicolas Sarkozy se sont multipliés pendant la matinale, m'accusant d'« antisarkozysme » et de « collaboration ». Le 13 février, pendant la prestation de Nicolas Sarkozy à la même heure, les partisans de Ségolène Royal ont pris leur téléphone pour proférer les mêmes accusations, avec la même hargne, notant que je « le ménageais trop », que j'étais « trop partisan », etc.

Lors du scrutin présidentiel de 2002, Jean-Marie Le Pen s'était retrouvé au second tour, à la surprise générale des observateurs. Or, si l'on avait écouté les auditeurs comme je l'avais fait les mois précédant le vote, on n'aurait guère pu s'étonner de cet événement :

la progression du vote en faveur de Jean-Marie Le Pen était manifeste. Le même hiatus s'est produit lors du référendum sur la Constitution européenne, le 29 mai 2005 : tout l'*establishment* politique pensait que le oui était acquis et l'emporterait. Mais, à l'écoute des auditeurs, rien ne semblait moins sûr.

En avril 2007, la volonté de l'électeur de dépasser les clivages des partis a vraiment été palpable. C'est d'ailleurs sur ce terrain que François Bayrou, le troisième « grand » candidat, s'était à juste raison placé. C'est ce que m'ont répété à longueur d'antenne les auditeurs : chaque fois que je parlais de « réunir les énergies » ou de « disparition du clivage classique droite-gauche », l'adhésion était patente. Il suffisait d'écouter... Au premier tour du scrutin, François Bayrou a recueilli 6 820 119 voix, soit 18,57 % des suffrages.

Je voudrais revenir sur les questions que j'ai posées, pendant cette campagne, à Ségolène Royal et Nicolas Sarkozy à propos des sous-marins nucléaires. Pourquoi l'ai-je fait ? Parce qu'une des prérogatives essentielles du chef de l'État est de diriger les armées ; le président de la République a la charge de la politique internationale de son pays, il est le garant de la paix et de la stabilité. J'ai donc pensé qu'il était bon de poser des questions sur la défense nationale et – particularité de la France – sa force de frappe de dissuasion nucléaire.

J'ai interrogé Ségolène Royal sur ce sujet à la fin de son interview du 25 janvier, au moment des questions dites « en vrac », et je lui ai demandé combien la France possédait de sous-marins nucléaires lanceurs d'engins (SNLE). Elle m'a répondu « un », et j'ai dit « sept ». En fait, on en compte officiellement quatre, même si le cinquième va être construit.

Compte tenu du tollé qu'avait provoqué ma question, et l'accusation immédiate d'être un sarkozyste parce que j'avais voulu déstabiliser la candidate socialiste, quand j'ai reçu Nicolas Sarkozy quelques semaines plus tard, le 13 février, j'ai tenu à poser une question presque similaire et je lui ai demandé combien la France possédait de sous-marins nucléaires d'attaque (SNA). Le candidat UMP, alors ministre de l'Intérieur, m'a répondu « quatre », pensant sans doute aux SNLE puisqu'il avait eu vent de ce qui s'était passé avec Ségolène Royal. Je lui ai rétorqué « cinq ». En fait, la France en posséderait six, mais, de source sûre au ministère de la Défense, le sixième ne serait pas opérationnel et servirait de réserve pour pièces de rechange. À la suite de cette interview, j'ai reçu une avalanche de mails et de messages m'accusant d'être « tombé bien bas » et de ne plus être « le Bourdin qu'on avait connu ».

Des militants UMP m'ont qualifié de « pro-Ségolène Royal » parce que j'avais interrogé Nicolas Sarkozy sur un point de politique extérieure qui a fait beaucoup moins de bruit, et je le regrette, car sa réponse reste un modèle de confusion. À propos de l'organisation terroriste Al-Qaïda, je lui ai demandé si les dirigeants de cette formation étaient des sunnites ou des chiites. Nicolas Sarkozy n'a pas su répondre ! Dans sa réponse, le ministre de l'Intérieur a confondu « groupe ethnique » et « minorité religieuse ». Cette question m'a aussi été reprochée, mais je pense qu'un futur président de la République devrait savoir qu'ils sont sunnites et connaître les terroristes, surtout quand il prétend les combattre au quotidien en tant que ministre de l'Intérieur et ministre des Cultes.

Pendant une campagne présidentielle, on se doit d'aborder des sujets de politique internationale et de défense, et je regrette que ce n'ait pas vraiment été le cas en 2007. Si c'était à refaire, je reposerais exactement les mêmes questions. D'ailleurs, l'épisode des sous-marins nucléaires a été repris aux *Guignols de l'info* et au *Zapping* de Canal +, provoquant un véritable « buzz » sur la Toile.

Durant la présidentielle, RMC et BFM TV, la télévision du groupe NextradioTV, ont créé l'événement, ce que tous les sondages d'audience ont montré. Le

26 avril 2007, entre les deux tours de scrutin, nous avons appris que Ségolène Royal et François Bayrou[1] étaient prêts à débattre. C'était une configuration nouvelle, qui bousculait les habitudes ! Nourrie par les supporters de Nicolas Sarkozy, alors que le candidat gardait le silence, la polémique a enflé très vite. Dans les pays anglo-saxons, personne n'aurait protesté, on se serait intéressé surtout à la qualité du débat. Mais la France est un pays conservateur. Le jeudi 26 avril, en fin d'après-midi, il devint officiel que les chaînes de télévision I-Télé et Canal +, qui avaient réagi les premières, renonçaient à organiser la rencontre.

Immédiatement, nous saisissons la balle au bond, Alain Weill multiplie les coups de fil. Le lendemain matin, à 8 h 10, Jack Lang est en direct avec moi sur RMC et, devant les auditeurs, j'en profite pour lui lancer l'invitation destinée à Ségolène Royal. « Pourquoi pas ? » répond-il. Deux heures plus tard, la candidate socialiste donne son accord. François Bayrou sera un peu plus long à convaincre mais acceptera en début d'après-midi. Il reste moins de vingt-quatre heures pour tout organiser. Nous prévenons le Conseil supérieur de l'audiovisuel (CSA)[2] et son président, Michel

1. Ségolène Royal et François Bayrou ont respectivement obtenu 25,87 % et 18,57 % des voix au premier tour.

2. Instance de régulation de l'audiovisuel en France.

Boyon. « Pas de problème », nous répond-on, à condition qu'un temps de parole égal soit offert sur la même antenne à Nicolas Sarkozy. Le CSA, dont l'indépendance a été saluée pendant la campagne, n'exige rien de plus que l'équité, que nous avons respectée.

Le débat a donc eu lieu le samedi 28 avril, de 11 heures à 12 h 30 dans un grand hôtel parisien. Il a été courtois et constructif, suivi par des centaines de journalistes et des dizaines de chaînes de télévision, étrangères notamment. Nous avions organisé l'un des événements de la campagne présidentielle sans arrière-pensée politique, avec pour seul souci le professionnalisme, tandis que les autres chaînes de télévision françaises s'étaient autocensurées par peur de déplaire au futur président de la République ! Dans certaines salles de rédaction, cela grondait, et sur les stations de radio concurrentes on « omettait » de citer RMC.

Là encore, ces réflexes d'un autre temps me hérissent. Quand je suis à l'antenne, je n'hésite pas à parler de RTL, d'Europe 1 ou de France Inter lorsque ces radios font leur travail en recueillant, par exemple, un témoignage exclusif. Nous sommes concurrents mais sûrement pas adversaires.

Ce débat Royal-Bayrou a fait couler beaucoup d'encre. Ai-je reçu des pressions pour qu'il ne soit pas organisé ? Non, je suis formel. En revanche, comme je l'ai dit au *Canard enchaîné*, j'ai reçu, la veille, deux coups de téléphone de personnes ouvertement pro-Sarkozy. « Bravo, quel beau coup », ont-elles souligné, ajoutant cependant : « Tu n'as pas peur de déplaire à Nicolas ? » J'ai ri.

Pendant toute cette campagne, les auditeurs ont été passionnés. Comme vingt à trente pour cent des Français, je n'ai arrêté mon vote qu'au tout dernier moment. Je n'accepterai jamais qu'on m'accuse d'être partisan, je suis indépendant et le resterai à tout prix. Cela vient peut-être de mes origines... Sous Louis XIV, les Cévenols irréductibles rejetaient le catholicisme et le pouvoir du roi ! Je suis un homme libre et je revendique le droit de poser toutes les questions précises et directes, possibles et imaginables, surtout dans un paysage médiatique où ceux qui abordent les thèmes dérangeants sont rares.

*

Quand je répète « bougeons-nous ! », qu'est-ce que cela veut dire ? Tout simplement qu'il ne sert à rien d'être passif. Journalistes et auditeurs, nous devons nous prendre en main et nous responsabiliser. De nombreux auditeurs, d'ailleurs, reconnaissent à l'antenne à quel point cela leur fait du bien d'entendre le cas de quelqu'un qui a réussi à trouver, ou à retrouver, du travail. Avançons ensemble !

Chez *Bourdin & Co*, nous participons à cet élan et refusons le sacro-saint principe de précaution. Un exemple du principe de précaution m'a ulcéré : au mois de septembre 2006, deux personnes âgées vivant dans le bassin d'Arcachon sont mortes. À l'annonce de ces décès, les autorités déclarent qu'elles auraient, l'une et l'autre, mangé des huîtres la veille. Vous imaginez l'émotion et le drame pour les ostréiculteurs du Bassin à l'approche des fêtes de Noël ! Pourtant, les eaux du Bassin sont régulièrement analysées pour savoir si les huîtres ne risquent pas de renfermer une bactérie. Rien de plus normal ! Des examens sont pratiqués sur des souris, et, lorsque l'une d'elles meurt, on stoppe la commercialisation des huîtres. Après ces « incidents », tous les ostréiculteurs sont montrés du doigt !

Voilà un abus typique du principe de précaution : les autorités locales ouvrent le parapluie pour se protéger, sans penser qu'elles mettent ainsi en péril des entreprises, des emplois, des familles. Quelques jours après ces deux décès, j'ai interviewé en direct le directeur général de la Santé qui m'a immédiatement affirmé que, en ce qui concernait l'une des deux personnes, on pouvait exclure les huîtres ; quant à la seconde, on était en attente des résultats des analyses. Je l'ai prié de nous assurer que nous aurions bientôt ces résultats ; il n'en semblait pas certain et laissa entendre que le doute subsisterait.

Même s'il a été reconnu officiellement, quelques semaines plus tard, que les huîtres n'étaient pour rien dans la mort de ces deux personnes, c'était déjà trop tard. Le discrédit avait été jeté sur une région et une profession, parce qu'on avait brandi ce fameux principe de précaution. Ce principe est une caractéristique des pays riches et dits civilisés car, en dehors de la bulle, les gens n'ont pas ce genre de souci... Il leur faut trouver à manger et à boire, pouvoir aller à l'école et survivre dans le chaos. Le principe de précaution est donc un luxe qui appartient trop souvent à une société sans manque, qui par conséquent ne suscite plus de désir.

Ce qui m'exaspère au plus haut point, c'est l'obsession du « tout-sécuritaire ». Je veux bien que, depuis le 11 Septembre, le contexte soit différent, mais il ne faut pas exagérer. Régulièrement, le ministère de l'Intérieur appelle les rédactions la veille de perquisitions d'appartements abritant d'éventuels terroristes ou complices de terroristes. Lors de ces perquisitions, des personnes sont arrêtées, avec la connivence du journaliste qui filme ou, en tout cas, assiste à l'événement. Sur le moment, rien n'est mis en doute, car ce qui compte c'est l'image forte des autorités prenant en main la sécurité des citoyens.

Les images des forces de l'ordre pénétrant dans des habitations sont un régal pour les médias de tout poil et, notamment, pour les journaux télévisés. Elles rassurent les populations car elles sont la preuve que les autorités s'activent à les protéger. Ce qu'on ne dit pas, c'est ce qui arrive ensuite à ceux qui ont été placés en garde à vue : ils sont relâchés au bout de quelques heures ou de quelques jours, preuve qu'il s'agissait bien d'esbroufe à des fins de communication.

Quelle insupportable façon de travailler ! Je n'envoie d'ailleurs jamais de journaliste de ma rédaction à ce genre d'événement, car je pense que les forces de l'ordre font bien leur travail quand elles savent rester discrètes, et non quand elles sont accompagnées de micros et de caméras de télévision.

Il en est de même quand on nous rabâche qu'on a déjoué de nouveaux attentats : comment, simples journalistes, pourrions-nous vérifier une telle information ? Il faut le reconnaître, dans ce cas, nous sommes à la merci des services de communication des ministères. Heureusement que les forces de l'ordre et les services divers déjouent *réellement* de temps en temps des complots ! Car, si des groupes terroristes voulaient vraiment commettre des attentats – ils l'ont déjà prouvé par le passé –, on pourrait prendre toutes les mesures de sécurité possibles, cela ne servirait sans doute à rien. Il faut faire du travail en amont, connaître les mouvements terroristes, les infiltrer et savoir comment ils fonctionnent, toutes méthodes qui ne supportent pas d'être mises en avant. Mais, puisque l'on vit dans une société surmédiatisée, on veut tout montrer, à tout prix, même s'il n'y a rien à voir.

Enfin, je peste contre cette tendance à réfléchir de moins en moins qui nous fait croire que la technique et l'informatique le font à notre place. C'est ainsi que, aux États-Unis, on peut acheter des bagues ou des anneaux spéciaux qui se mettent à diffuser de la chaleur vingt-quatre heures avant une date anniversaire à ne pas oublier, comme celle d'un mariage. Plus la peine de faire l'effort de se remémorer, de penser, de réfléchir !

Il y a quelques mois, Anne et moi avons reçu à Paris un ami afghan qui se rendait pour la première fois en Occident. Il a certes apprécié la beauté architecturale de la capitale française, sa « solidité », mais une de ses premières remarques, alors que nous l'avions emmené faire un tour en voiture, a porté sur le nombre de véhicules 4 × 4. « Chez nous, a-t-il souligné, il n'y a pas de routes, donc on a besoin de ce genre de voiture ; mais ici, à quoi bon avoir un 4 × 4 ? »

Ces voitures, qui nous sont très familières, lui semblaient totalement incongrues dans notre environnement urbain. À quoi servaient-elles ? Effectivement, c'est une question simple, terre à terre. Une question de bon sens qui me rappelle les rapports que j'ai tous les matins avec les auditeurs, quand ils me donnent une leçon de logique.

*

C'est sans aucun doute parce que nous aimons tous deux partager le quotidien des gens que j'ai rencontré Anne, dans l'exercice de l'interview, à l'automne 2004. Car elle pratique à l'écrit et à l'international ce que je fais à la radio et en France : nous écoutons les autres. Depuis plusieurs jours, mes assistantes me parlaient de *Lendemains de guerre*[1], un livre écrit par une femme grand reporter. J'avais entendu parler d'Anne à RTL, alors qu'elle était en Tchétchénie pour *Libération*, je me souviens d'ailleurs de l'avoir interviewée au téléphone en 2000, ce qu'elle récuse. À la lecture de ses articles, que je trouvais excellents, j'imaginais une femme au fort tempérament. Je n'avais pas vraiment envie de l'inviter sur ces sujets-là, mais j'ai cédé parce que mes assistantes ont attiré mon attention sur le fait que, dans ses reportages, elle partageait *réellement* le quotidien des gens. L'idée du regard des habitants d'Afghanistan et d'Irak sur notre monde m'a

1. Anne Nivat, *Lendemains de guerre*, Fayard, 2004 ; Le Livre de Poche, 2007. Tous les livres d'Anne Nivat sont publiés chez Fayard.

intéressé. Nous l'avons donc invitée pour l'interview du matin.

Dès son entrée dans le studio, la complicité s'est installée. J'étais admiratif de son travail, de la façon sincère, vive et nuancée dont elle en parlait, et de sa rigueur professionnelle. Cette femme était fascinante. Alors qu'elle s'apprêtait à quitter les lieux, je lui ai demandé si elle comptait revenir en France bientôt et si elle était éventuellement libre à déjeuner. Cela a été le début d'une très belle histoire d'amour.

J'aimerais enfin remercier tous mes auditeurs et les mettre à l'honneur. Je pense à tous ceux avec qui nous avons partagé un moment et que nous avons pu aider, comme Annie et Gilbert, dans la belle histoire du taxi et du foulard. Un matin de février 2007, à Paris, Annie, quarante-cinq ans, monte dans un taxi. Son chauffeur, Gilbert, nous écoute chaque matin et recommande même à ses clients de se brancher sur RMC. Pendant la course, Annie découvre notre radio, elle est séduite et ils l'écoutent ensemble. En sortant de la voiture, elle oublie un foulard auquel elle tient beaucoup. Bien décidée à le retrouver, elle m'envoie un mail que je lis à l'antenne en le qualifiant de « message personnel ». Trois minutes plus tard, Gilbert nous rappelait et, le lendemain, il allait rendre son foulard à Annie. De telles histoires sont légion sur notre antenne.

Je me souviens aussi de Marc, qui a trouvé du travail à Marseille grâce à nous. Ex-cadre, divorcé et père de deux enfants, il s'était retrouvé à la rue après avoir perdu son emploi, comme cela peut arriver à n'importe qui. Vivotant à l'hôtel sur ses petites économies et grâce au RMI, il recevait néanmoins tous les quinze jours ses deux enfants de onze et six ans dans sa chambre. Courageux, Marc est venu raconter son histoire sur notre antenne et expliquer dans quel domaine il cherchait du travail. Son témoignage émouvant a provoqué un fort mouvement de solidarité et, très vite, Marc a retrouvé un emploi. Quelques mois plus tard, il nous a rappelés pour nous dire qu'il avait dorénavant la possibilité de louer un appartement pour recevoir décemment ses enfants.

Patrick, un sans-abri de Toulouse, était également au RMI et déambulait dans les rues, l'oreille collée à son transistor. Il a appelé et raconté son histoire, en expliquant qu'il était originaire de la Côte d'Azur, qu'il avait été l'intendant d'une grande propriété dans cette région mais qu'il avait perdu son poste lorsque le propriétaire avait été obligé de vendre. Patrick était donc parti tenter sa chance dans la région toulousaine, quasiment sans couverture sociale car il n'avait même pas droit aux Assedic. Deux heures plus tard, l'animateur de télévision Vincent Lagaf a appelé RMC et lui a proposé un travail d'intendant dans sa propriété ; ils se sont mis d'accord pour se rencontrer. Lagaf est descendu à Toulouse pour le voir et l'a ramené avec lui. Depuis, Patrick travaille dans la propriété de Lagaf sur la Côte.

Comment oublier aussi la fidélité de cette auditrice, Anne, qui m'écrit et me raconte sa vie presque quotidiennement par mail ? Son récit est décousu, mais il est en même temps édifiant.

Il y a encore l'histoire de Châtelaillon, une charmante commune balnéaire de Charente-Maritime. Tous les jeudis, avec Philippe Dufreigne, nous donnons leur chance à des amateurs qui aiment chanter, jouer ou composer, sans arriver à percer. On appelle cette rubrique « les talents RMC ». Parmi les milliers de cassettes, nous recevons une chanson de Châtelaillon, une véritable ode à cette petite commune, qui a tellement plu à nos auditeurs que nous avons fini par la mettre sur notre site Internet ! Dorénavant, nous recevons des dizaines d'appels de Châtelaillon et, lorsque des auditeurs y passent, ils envoient des cartes postales à la rédaction.

En lisant le quotidien *Libération* du 3 février 2007, j'ai découvert que l'écrivain Paule Constant[1] écoutait RMC. Voici ce qu'elle écrit à propos de *Bourdin &*

1. Paule Constant, « Mon journal. La plus belle leçon de résistance », in *Libération*, samedi 3 février 2007.

Co : « *Quel programme ! Il y en a eu pour protester à l'époque et pour traiter ce talk-show sur RMC de populiste et de franchouillard. Maintenant toutes les radios l'imitent. Le beau monde se presse et veut s'entretenir avec Jean-Jacques Bourdin "pour savoir et comprendre". Quand le Zappy Max de l'information passe le micro aux hommes politiques, ils vasouillent. Heureusement, Bourdin reprend les rênes et nous conduit au cœur de la France profonde avec une réactivité émotionnelle qui nous tient comme le lait sur le feu. Son énergie exceptionnelle, qui doit beaucoup à un savoir-faire appris sur le terrain (les routiers et le sport, je crois), est communicative.* »

Cela m'a touché, car je ne la connais pas et n'ai pas sollicité ses compliments. Qu'elle soit ici remerciée.

À l'automne 2005, ma voix étant devenue très éraillée, j'ai été opéré des cordes vocales parce qu'un polype risquait de me la faire perdre. Lors de cette opération, j'ai reçu des centaines de lettres d'encouragement d'auditeurs, voire des conseils pour mieux me faire soigner, et un nombre incalculable de messages de gentillesse. De même, à la naissance de mon fils, Louis, fin 2006, j'ai eu des félicitations de personnes m'expliquant l'importance, pour elles, de ce prénom...

Bref, quand on fait confiance à l'être humain, il vous le rend bien, il suffit d'être honnête et sincère. C'est comme la pêche, quand le poisson a mordu à l'hameçon, il ne sert à rien de tirer tout de suite comme un fou, sinon ça casse ; il faut laisser aller le fil dans le sens du courant, puis le ramener, donner du mou de temps en temps... C'est ainsi que je conçois la vie, en toute tranquillité.

Conclusion

« Bougeons-nous et tout est possible ! » Je répète sans cesse ces mots, le matin, sur RMC. Mon parcours n'a rien d'exceptionnel ni d'exemplaire, mais, toute ma vie, je suis resté attentif à l'expérience d'autrui et je me suis refusé à juger.

En février dernier, j'ai été nommé chevalier de la Légion d'honneur, une distinction qui m'a été remise par mon père au nom du président de la République. Resté prisonnier quatre ans en Allemagne pendant la dernière guerre mondiale, il avait été décoré bien avant moi pour des actes autrement plus valeureux. Mon père a quatre-vingt-onze ans et toutes ses facultés intellectuelles ; surtout, il a gardé ce qui a beaucoup compté pour moi : la justesse de ses remarques.

J'ai la chance aussi d'exercer librement mon métier, et je dois cette inestimable liberté à Alain Weill, qui n'intervient jamais dans mes choix éditoriaux, ce qui me permet d'exprimer comme je l'entends ma capacité d'indignation. Je l'écris franchement : je souhaiterais qu'une loi soit votée pour interdire à des groupes industriels vivant de commandes publiques de posséder des médias. J'ai posé la question à Nicolas Sarkozy pendant la campagne présidentielle. Il m'a répondu : « Est-ce que, parce que tel ou tel propriétaire a un marché avec l'État, il y a un risque que ses journalistes soient malhonnêtes ? » Mais ce n'est pas l'honnêteté des journalistes qui est en cause ! Et il a ajouté : « Nous avons besoin de grands groupes de communication... » Certes, mais aux États-Unis, ces groupes médias très puissants sont isolés des secteurs fonctionnant avec les commandes publiques, c'est la loi et elle est saine !

Ainsi, aucune compromission possible entre médias et pouvoirs publics. Pas de compromission, donc pas de connivence, je ne cesse de le répéter à mon équipe jeune et talentueuse. « Apprenez à dire non », leur dis-je presque tous les jours.

En terminant ce livre, je pense à Salvador Dalí qui faisait l'éloge de la sieste : il s'endormait, dit-on, avec une clé dans la main, attendant qu'elle tombe par terre pour se réveiller. Je fais une sieste tous les jours, c'est ce qui me permet d'avancer. Et quand j'entends la pluie tambouriner sur le toit, cela me donne l'impression d'exister.

Mis en pages par DV Arts Graphiques à La Rochelle,
cet ouvrage a été imprimé par
Firmin-Didot – Groupe CPI,
à Mesnil-sur-l'Estrée,
pour le compte des éditions Anne Carrière
104, bd Saint-Germain 75006 Paris
en septembre 2007

Imprimé en France
N° d'édition : 442 – N° d'impression : 86717
Dépôt légal : septembre 2007